De la misère humaine en milieu publicitaire

Mouvement **A**utonome de **R**éflexion
Critique à l'**U**sage des **S**urvivants de l'**E**conomie

De la misère humaine en milieu publicitaire

Comment le monde se meurt de notre mode de vie

La Découverte
9 *bis*, rue Abel-Hovelacque
75013 Paris

Si vous désirez être tenu régulièrement informé de nos parutions, il vous suffit d'envoyer vos nom et adresse aux Éditions La Découverte, 9 *bis*, rue Abel-Hovelacque, 75013 Paris. Vous recevrez gratuitement notre bulletin trimestriel ***À La Découverte***. Vous pouvez également nous contacter sur notre site **www.editionsladecouverte.fr**.

ISBN 2-7071-4420-7

« D'une façon sommaire et puérile, il avait commencé de saisir le sens de toute cette histoire de l'argent. À un âge plus tendre que la plupart des gens, il se rendit compte que tout commerce moderne est une escroquerie. Il est assez curieux que ce soit en premier lieu les affiches dans les stations de métro qui lui aient ouvert les yeux. Il ne se doutait guère, comme disent les biographes, que lui-même travaillerait un jour dans une agence de publicité. »

George ORWELL, *Et vive l'aspidistra*,
10/18, Paris, 1982 (1936), p. 65.

« Ne pas s'y tromper. Nous ne contestons pas la publicité, mais la totalité de la déshumanisation industrielle organisée par la démocratie étatique. »

Vu sur une affiche à Bruxelles.

Introduction

« Notre image est mauvaise, déclarait un publicitaire dans les années 1960 ; heureusement, on ne nous connaît pas assez pour qu'elle soit exécrable [1]. » Depuis, rien n'a changé. La plupart de nos contemporains ne savent presque rien de cette activité à laquelle nous sommes pourtant *tous* confrontés chaque jour qui passe, notamment dans un espace public qu'elle a transformé en un vaste catalogue publicitaire.

Cette méconnaissance s'explique aisément. Les médias d'information se gardent bien de nous faire entrer dans les coulisses de ce secteur qui les finance avec largesse. Il a fallu, à l'automne 2003, une série d'actions de recouvrements, détournements et arrachages d'affiches publicitaires, notamment dans le métro parisien, pour que les journalistes révèlent ce « scoop » à l'opinion publique : l'omniprésence de la publicité, et l'hostilité qu'elle suscite dans une bonne partie de la population.

« Celui dont on mange le pain, on en chante la chanson. » On ne s'étonnera donc pas que ce qui a été dit dans les médias du système publicitaire et de ses opposants n'ait été que le décalque du silence qui avait précédé. On y cherchera en vain des analyses sur la fonction sociale de la publicité, les intérêts qu'elle sert, l'inflation galopante de ses budgets, etc. Bref, on n'y apprendra pas ce qui a motivé les actions. En revanche, on y trouvera de longs bavardages sur les « antipubs », terme fourre-tout destiné à suggérer le caractère non

1. Propos cité par Joachim Marcus-Steiff, « Publicité », *Encyclopaedia Universalis*, 1985, vol. XV, p. 429.

constructif et contradictoire du mouvement – et comment pourrait-il en aller autrement, une fois qu'on a regroupé pêle-mêle anarchistes, féministes, écologistes, anticapitalistes, etc., en se passant soigneusement d'analyser les *raisons de leur convergence* [2] ?

La récupération moralisante des actions

Afin de ne pas remettre en question la légitimité de la publicité en général, il est toujours de bon ton de noyer le poisson en se répandant en moraline convenue sur un thème politiquement correct : l'exploitation abusive du corps féminin. On peut aussi évoquer en passant l'influence néfaste sur les enfants, laissant entendre par là que la publicité ne serait un problème qu'à l'égard de ces « petits êtres faibles » dont on prend alors la défense. C'est ce qu'ont fait nos « intellectuels » médiatiques en entrant dans le « débat ».

On entendit ainsi un philosoft souligner que si la publicité n'est pas « immorale », elle est tout de même « amorale » et risque parfois de tomber dans l'« obscénité [3] ». Ce discours moralisant est tellement bienvenu qu'on le retrouve sur le site du BVP (Bureau de vérification de la publicité, organisation privée de professionnels s'engageant pour une « publicité responsable » et préconisant, à cette fin, l'« autodiscipline »). Il présente le double intérêt de pouvoir être utilisé à la fois pour rassurer les bien-pensants en leur montrant qu'on est soucieux des « limites éthiques » à ne pas dépasser, et pour suggérer aux sympathisants potentiels que les actions font cependant courir une inquiétante menace, celle d'un « retour à l'ordre moral »...

Un subtil filousophe entre alors en scène pour cautionner cette absurdité. Il explique que le véritable mobile des actions, c'est la « haine de la gaieté ». Partis en « guerre contre les

---

2. *Cf.* l'analyse approfondie de François Brune, « L'"antipub", un marché porteur », *Le Monde diplomatique*, mai 2004.

3. André Comte-Sponville, intervention au Forum des marques organisé le 30 janvier 2004 à Radio France. *Cf.* son texte « Éthique et publicité » sur le site du BVP.

images et les corps », les « antipubs » seraient animés par les mêmes pulsions « morbides » que les « partisans du voile islamique [4] ». Le message est clair : la vie sans la publicité serait si triste qu'elle mériterait à peine d'être vécue. Et les mécontents n'ont qu'à s'exiler chez les Talibans. La publicité ou le voile, il faut choisir.

Les coordonnées du « débat » sont dès lors fixées : contre la publicité, les « tristes moralistes », et pour la publicité, les « hédonistes libéraux ». L'affaire est entendue, le débat sera *moral* ou il ne sera pas. Donc, il ne sera pas, puisque les mobiles *politiques* qui ont présidé aux actions sont passés sous silence. Tout sera fait pour que le débat ne porte jamais sur le système publicitaire comme tel, mais seulement sur ses « excès ».

De ce point de vue, les échanges des publicitaires dans leur hebdomadaire *Stratégies* sont instructifs [5]. Début décembre, un certain Frank Tapiro crie aux « loups » et dénonce l'« utopie » qui ose mettre en question la société de consommation. Dans la foulée, on cherche à se rassurer. Il faut à peine se sentir visé, car ce que les actions « attaquent en réalité, ce n'est pas la publicité » (!), mais un modèle de société fondé sur la croissance marchande. Cette vérité est déjà bien trop gênante, car elle met en cause *radicalement* le système publicitaire, et pas seulement ses *abus*. D'autres pubards vont donc chercher à limiter la portée des actions en entonnant un *mea culpa* lénifiant. « Sidéré par l'arrogance » de Tapiro, on se félicite même de cette contestation salutaire : « Puissent les mouvements antipub... nous aider à nous remettre en cause » ! C'est un principe classique de la profession : ne pas prendre les consommateurs pour des abrutis, mais surtout ne jamais oublier qu'ils le sont.

Certains tiennent alors des propos révélateurs de leur profond mépris du public. On répond à Tapiro que les

---

4. Robert REDEKER, « L'antipublicité, ou la haine de la gaieté », *Le Monde*, 10 avril 2004.

5. Toutes les citations qui suivent sont tirées de *Stratégies*, nos 1305, 1306 et 1307, du 4 décembre 2003 au 18 décembre 2003.

« actions antipub » ne sont pas aussi radicales qu'il le pense. Elles seraient seulement l'« expression d'un ras-le-bol de la pollution visuelle et sonore », et il ne faudrait y voir aucune utopie, « pas plus en tout cas que dans l'idée qu'on va pouvoir continuer à traiter les consommateurs comme des veaux indéfiniment ». Voilà l'utopie publicitaire, exprimée par ceux qui font semblant de se remettre en question : se faire les bergers d'un troupeau de consommateurs, et mener ces « veaux » vers les gras pâturages des grandes transnationales.

Mais cette fois, les « veaux » n'entendent pas se laisser confisquer la parole par les imposteurs qui réduisent le problème à la question moralisante des « excès », afin d'occulter jusqu'au motif, pourtant assez consensuel, invoqué par le collectif *Stopub* dans son « Appel au recouvrement d'espaces publicitaires » : dénoncer publiquement le mouvement néolibéral de « dépeçage systématique de nos biens communs », et le « carburant de cette marchandisation : la publicité ». C'est la raison pour laquelle *toutes* les affiches ont été barbouillées de peinture noire. Cela n'a pas empêché nos « intellectuels » de se focaliser *uniquement* sur les images indécentes, ce qui, sans être une fausse question permet quand même d'évacuer le fond du problème.

De la question des excès de la publicité à celle de ses fondements

Si la réduction moralisante du débat à la question des « dérapages » de certains créatifs qui « abusent » du recours à l'image de la femme-objet semble à ce point aller de soi, c'est qu'elle fait écho à l'opinion commune. Le plus souvent, on se refuse à réfléchir sur la publicité *en général*. On préfère se contenter de juger des campagnes *en particulier*, et on tombe inévitablement dans une casuistique qui oppose la « bonne pub acceptable » à la « mauvaise pub abusive ». On trouvera toujours une pub « pas si moche », « pas si mensongère », « pas si sexiste ».

Tout ce discours consensuel repose sur une pétition de principe. En se focalisant sur les « excès immoraux », on admet implicitement que la publicité *en tant que telle* est au-delà de tout soupçon. Il n'est donc pas nécessaire d'en faire une analyse de fond, puisqu'on n'en a pas besoin pour trouver ces abus choquants. Ce qu'il faut, c'est réfléchir aux limites éthiques qu'elle devrait respecter – réflexion qui ne peut que valider le préjugé initial que la publicité n'est « normalement pas abusive ». Or, il suffit de connaître un peu l'histoire de la publicité pour constater qu'elle a toujours reposé sur l'abus et l'excès, que ce soit par son contenu (scandale, racolage) ou par son volume (matraquage, invasion, etc.).

Les publicitaires, eux, le savent bien. Pour capter l'attention et graver le message dans la cervelle des « prospects », il faut choquer et marteler. Si tous leurs lobbies, depuis l'International Advertising Association (IAA) jusqu'au BVP en passant par la European Alliance for Standards Advertising (le nom français est significatif : Alliance européenne pour l'éthique en publicité), plaident pour l'« autorégulation éthique », c'est qu'ils savent que *toute limite juridique stricte leur serait fatale.* Comme le dit le président de l'IAA France, la publicité est un « système de rendement décroissant [6] ». Plus il y a de pubs, moins chaque message a d'impact. Pour rester efficace, la publicité doit donc transgresser les normes et dépasser perpétuellement les limites qu'elle avait atteintes. Seuls l'ignorent ceux qui ont l'impression de renaître chaque matin dans un monde nouveau. En 1952, l'« histoire choquante de la publicité » avait déjà été écrite [7]. Et dès 1883, Zola dénonçait le matraquage des grands magasins, l'« envahissement définitif des journaux, des murs, des oreilles du public » par le « vacarme des grandes mises en vente [8] ».

---

6. Bernard PETIT, « La pub de demain : du spectateur "otage" au spectateur "acteur"? » intervention du 26 novembre 2003 lors de la Semaine de la publicité, texte disponible sur le site de l'AACC : www.aacc.fr.

7. Ernest Sackville TURNER, *The Shocking History of Advertising*, Londres, 1952.

8. Émile ZOLA, *Au Bonheur des dames*, chap. 14. *Cf.* aussi la nouvelle de Zola intitulée « une victime de la réclame » (1866) et certains passages de *L'Homme et la Terre*, écrit par Élisée Reclus dans la dernière décennie du XIXe siècle.

Il faut donc être aveugle et amnésique pour croire que les « dérapages » actuels sont une nouveauté, et qu'il ne s'agit que de « dérapages ». *On ne peut pas séparer la publicité de ses excès, tout simplement parce que ce n'est que par ses excès que la publicité peut avoir de l'effet.* Et tous les « dysfonctionnements abusifs » que nos moralistes dénoncent font en réalité partie du fonctionnement normal de la publicité.

Si nous critiquons la réduction *immédiate* du débat à la question des excès immoraux, ce n'est pas parce que nous considérons cette question comme accessoire, mais parce que cette manière de poser le problème ouvre la porte à toutes les récupérations. En court-circuitant la question des fondements et des principes de la publicité, elle autorise la critique inoffensive d'abus en vérité ordinaires, et la dénonciation de mobiles puritains qui n'ont joué aucun rôle dans les actions contre la publicité. Les publicitaires, les médias qui en dépendent et les pense-petit qui s'y donnent en spectacle, ont ainsi réussi à désamorcer la contestation. Ce dont *Libération* se félicite ouvertement : « La contestation ne peut pas faire de mal. Surtout si elle aide à renouveler le genre [9]. »

Si les publicitaires sont si friands de discours éthiques, c'est parce que ceux-ci ne servent souvent, comme l'avait vu le philosophe Cornelius Castoriadis, que de « cache-misère [10] ». Pour masquer les racines du problème, rien de mieux, en effet, que le réduire à des « dérives éthiques ». Les moralistes peuvent sermonner les pubards, ces derniers faire leur autocritique et promettre un « autocontrôle » plus strict par une institution, le BVP, qui se flatte justement de « ne pas vérifier grand-chose [11] » ! Le rideau tombe alors sur une scène jouée d'avance et, pendant que les acteurs se

9. *Libération*, 10 mars 2004.

10. Cornelius Castoriadis, *La Montée de l'insignifiance. Carrefours du labyrinthe IV*, Le Seuil, Paris, 1996.

11. Joseph Besnainou, directeur général du BVP, « Publicité et autodiscipline », intervention du 27 novembre 2003 lors de la Semaine de la publicité, texte disponible sur : www.aacc.fr.

congratulent en coulisses, le public rassuré n'a plus qu'à rentrer se coucher.

La prétendue neutralité de la publicité

Le simple fait que ce soient d'anciens publicitaires qui aient fondé les associations Adbusters et Casseurs de pub, et qui écrivent les ouvrages les plus virulents contre la publicité [12] devrait nous mettre la puce à l'oreille. Ce qui est étonnant, c'est qu'il n'y ait pas plus de publicitaires qui soient sortis du système pour le dénoncer. Quand on subit les techniques commerciales sans en connaître les tenants et les aboutissants, on peut se dire que ce n'est pas si grave. Mais quand on est passé par des écoles de marketing, comme certains d'entre nous, tout en préservant malgré tout une sensibilité humaine, on ne peut qu'être écœuré par la récupération médiatique des actions contre la publicité. Il nous a donc semblé nécessaire de rappeler quelques vérités élémentaires à ceux qui croient encore que la publicité a pour fonction d'informer en amusant.

On présente souvent la publicité comme un moyen neutre, un simple instrument pouvant faire la promotion de n'importe quelles marchandises (industrielles ou non), au service de n'importe quelles institutions (entreprises privées, administrations publiques, partis politiques) et pouvant recourir à n'importe quelles valeurs. En réalité, les choses se présentent sous un jour très différent.

Qui, dans les faits, recourt à la publicité ? Les censeurs qui surveillent les dérapages n'ont évidemment pas besoin de se poser cette question générale, il leur suffit de savoir qui a fait telle pub particulièrement scandaleuse. Et pourtant,

---

12. *Cf.* Frédéric BEIGBEDER, *99 F*, Grasset, Paris, 2000 ; Dominique QUESSADA, *La Société de consommation de soi*, Verticales, Paris, 1999 ; tous deux sont d'anciens publicitaires. Quant à François Brune, auteur de l'excellent *Bonheur conforme. Essai sur la normalisation publicitaire* (Gallimard, Paris, 1985), il est diplômé de HEC, et sait donc aussi de quoi il parle.

tout est là : *ce sont les grandes firmes industrielles qui font de la publicité.* Dans la France de l'an 2000, « 27 entreprises représentent 20 % du marché de la publicité. Et moins de 1 000 entreprises en représentent 80 % [13] ». Si l'on met ces chiffres en rapport avec les 2,4 millions d'entreprises enregistrées en France, on voit que 0,001 % des entreprises représentent 20 % du marché publicitaire, et que 0,04 % en représentent 80 %.

La publicité est massivement au service d'une poignée de firmes hégémoniques qui s'en servent pour étouffer toute concurrence. C'est la grande distribution contre le petit commerce, les cartels transnationaux contre les producteurs locaux. Si la publicité est formellement ouverte à tous, elle est en réalité l'arme des marques les plus puissantes. C'est de cet *usage massif* de la publicité qu'il sera question dans ce livre, et ce n'est donc pas seulement les publicitaires que nous visons. Ils ne sont que les porte-drapeaux du capital et les agents, particulièrement nocifs, d'une dynamique économique que personne ne maîtrise.

Quant à la prétendue neutralité à l'égard des produits et des valeurs, elle s'évanouit aussi dès qu'on examine la réalité. C'est massivement de la promotion de marchandises industrielles qu'il s'agit, et rarement d'autres choses. Et c'est massivement en faisant appel aux valeurs individualistes et matérialistes qu'elle fait l'éloge de ces produits. Elle ne fait que marginalement appel à d'autres valeurs, le plus souvent pour les dévoyer. La publicité ne peut que vendre ce dont elle fait la promotion, que ce soit un produit ou une « grande cause ». Son but n'est pas d'engager à l'action, mais d'inciter à mettre la main au porte-monnaie, en jouant en général sur le sentiment de culpabilité et l'envie de se donner bonne conscience à moindres frais. Les exceptions ne font que donner le change.

---

13. Daniel Aronssohn, « L'économie de la séduction », *Alternatives économiques*, n° 190, mars 2001, p. 60.

Le système publicitaire dans la société industrielle

La publicité est une arme du marketing, l'art de vendre n'importe quoi à n'importe qui par n'importe quel moyen. Précisément, c'est le marketing dans sa dimension communicationnelle. Passant notamment par le biais des médias, elle constitue l'archétype de la « com' ». La critique de la publicité doit donc se prolonger dans la critique du marketing et de la com' – ces trois fléaux composent ensemble le *système publicitaire*. Mais ce système a été engendré par le capitalisme industriel, et il finance les médias de masse dont il oriente le contenu. Le problème ne se réduit donc pas à l'abrutissement publicitaire, il inclut aussi la désinformation médiatique et la dévastation industrielle. Il ne faut pas se leurrer : *la publicité n'est que la partie émergée de cet iceberg qu'est le système publicitaire et, plus largement, de l'océan glacé dans lequel il évolue : la société marchande et sa croissance dévastatrice. Et si nous critiquons ce système et cette société, c'est parce que le monde se meurt de notre mode de vie.*

La publicité a essentiellement pour effet de propager le consumérisme. Axé sur l'hyperconsommation, ce mode de vie repose sur le productivisme, et implique donc l'exploitation croissante des hommes et des ressources naturelles. Tout ce que nous consommons, c'est autant de ressources en moins et autant de déchets, de nuisances et de travail appauvrissant en plus. Le consumérisme aboutit ainsi à la *dévastation du monde*, sa transformation en désert matériel et spirituel – en un *milieu* où il sera de plus en plus difficile de vivre humainement, et même de survivre. Dans ce désert prospère la misère humaine, à la fois physique et psychique, sociale et morale. Les imaginaires tendent à s'atrophier, les relations à se déshumaniser, les solidarités à se décomposer, les compétences personnelles à décliner, l'autonomie à disparaître, les esprits et les corps à se standardiser.

La misère humaine en milieu publicitaire, c'est à la fois cette vie appauvrie qu'exalte une publicité omniprésente ; et la misère des milieux publicitaires eux-mêmes, qui illustrent de manière caricaturale l'appauvrissement moral dont souffre la société marchande. Nous citerons donc abondamment les discours des pubards. Le cynisme fait à ce point partie de leur « folklore professionnel », comme s'en vantent certains [14], que personne n'a contesté la description romancée de Frédéric Beigbeder. Selon François Biehler, publicitaire toujours en service, elle est même « rigoureusement exacte ». Dès lors, comment peut-il justifier malgré tout sa profession ? « La publicité sert aussi à relancer la consommation. » Que cela implique une bonne part de manipulation, les pubards ne le nient pas. Car qu'est-ce que manipuler quelqu'un, sinon lui faire faire quelque chose qu'il n'aurait pas fait spontanément, comme renouveler inutilement des marchandises aussi futiles que nuisibles ?

Comme Machiavel le disait, la fin justifie les moyens. Biehler doit donc estimer cette manipulation tolérable, car elle se fait au nom d'une fin éminemment consensuelle : « Relancer la consommation, faire travailler l'économie, ce qui, *a priori*, n'est pas condamnable [15]. » On touche là, bien sûr, à l'axiome qui sous-tend l'écrasante majorité des discours sur la publicité : il est bon, et de toute façon nécessaire, de stimuler la Croissance, cette Vache Sacrée qu'implorent en chœur tous les politiciens, ce Messie dont ils s'efforcent d'accélérer le Retour. Si l'on accepte ce dogme fondateur de l'Économisme, ce préjugé que presque personne ne conteste en dépit de ses effets désastreux sur notre cadre de vie, alors, effectivement, la publicité est indispensable, et il devient bien difficile de la mettre en cause. Mais si la volonté de produire plus se justifie lorsque la survie matérielle en dépend, dans nos sociétés où règnent le gaspillage et la surproduction, il s'agit d'un présupposé déraisonnable, irresponsable et dangereux. Devenue une fin en soi au lieu de répondre à nos besoins, la Croissance, on commence à s'en

---

14. Bernard Cathelat, *Publicité et société*, Payot, Paris, 2001, 5e éd., p. 46.

15. Cette citation et les précédentes sont tirées de son interview dans Bruno Japy et Arnaud Gonzagues, *Qui veut la peau de la pub ?* Mango, Paris, 2002, p. 51.

rendre compte, c'est avant tout la croissance des nuisances et des inégalités.

La publicité est indissociablement un symptôme de la dévastation du monde et un de ses moteurs. Elle y contribue doublement : en poussant à la surconsommation de marchandises industrielles, elle favorise le développement d'une Économie dévastatrice, et en en voilant les conséquences, elle freine une prise de conscience chaque jour plus urgente si l'on veut éviter le pire. Elle doit donc faire l'objet d'une critique *radicale*, c'est-à-dire d'une analyse qui remonte à ses racines. Seuls ceux qui identifient sagesse et mollesse, esprit critique et consensus médiatique peuvent se contenter de la dénonciation de ses excès les plus flagrants. C'est seulement si l'on remonte à ses racines que l'on pourra comprendre la raison de ses abus si ordinaires, notamment de l'extrême violence qu'elle fait subir aux femmes. Mais personne n'en sort indemne, comme le montrera ce manifeste contre la publicité et « la vie qui va avec ».

1

Entre faux-semblant et métaphores révélatrices

Les pubards sont tiraillés entre deux exigences contradictoires. D'un côté, il leur faut persuader les annonceurs qu'ils sont *efficaces*, et qu'ils peuvent donc influencer les décisions d'achat des consommateurs ; sinon, la publicité serait aussi coûteuse qu'inutile, et les entreprises y renonceraient. Mais d'un autre côté, il leur faut aussi persuader les consommateurs du contraire, car si elle est efficace, elle est une prise de contrôle sur les envies et les comportements, et le public pourrait finir par s'insurger contre cette volonté de le manipuler. Comme le dit le sociologue français de la profession, le publicitaire a deux visages, « l'un tourné vers l'opinion publique et rayonnant de bonne volonté, l'autre rusé et agressif à l'image de ses clients [1] ». Mais ce double langage est une aubaine pour nous, car pour démystifier les sornettes que les pubards serinent au public, il suffit de faire entendre ce qu'ils se disent entre eux.

Dès 1958, Aldous Huxley mettait en garde contre la « persuasion par association », un procédé publicitaire qui consiste à associer ce dont on veut faire l'éloge à quelque chose qui n'a rien à voir, mais qui est majoritairement valorisé dans la société à laquelle on s'adresse : « Ainsi, dans une campagne de vente, la beauté féminine peut être alternativement liée à n'importe quoi, depuis un bulldozer jusqu'à un

1. Gérard Lagneau, *Le Faire-valoir*, SABRI, Paris, 1969, p. 38.

diurétique[2]. » C'est à ce procédé classique que les publicitaires recourent pour se « faire de la pub ». Avec leur légendaire sourire-qui-perce-dans-la-voix, ils expliquent en public que leur travail est de l'« art », de l'« information », de la « communication » et même une « nouvelle culture » ! Contre ces amalgames justificateurs, l'analyse de leurs discours en interne nous conduit à de tout autres rapprochements : avec les sophistes, la chasse et la guerre.

La publicité, un nouvel art, une nouvelle culture ?

Si les pubards voudraient bien nous faire croire qu'ils font de l'art, les artistes, eux, ne prétendent pas faire de pub. Et si certains sont contraints de collaborer avec le système publicitaire (parce que, contrairement à l'art, la publicité rapporte gros...), ils s'en vantent rarement. C'est que l'art et la publicité ont des finalités différentes et même contradictoires. Il suffit d'écouter brailler les pubs à la radio pour le comprendre.

Si l'art vise la beauté, cette dernière n'est pour les publicitaires qu'un moyen en vue d'une fin strictement commerciale. Certes, perdues dans la profusion des réclames hideuses, on trouvera bien quelques belles affiches et quelques spots réussis. Mais leur beauté n'est pas une fin en soi, c'est juste un outil, parmi d'autres, pour capter l'attention. Dans un magazine d'art, les publicitaires feront un effort artistique pour plaire aux cibles définies comme « lecteurs cultivés » mais, dans un catalogue discount, ils se contenteront, par des images vulgaires et criardes, d'attirer le regard de cibles définies comme « masses abruties ».

Si le but de l'art est de faire réfléchir, celui des publicitaires est de court-circuiter la réflexion pour susciter des réflexes, « fidéliser » les clients. Par opposition à l'art qui

2. Aldous Huxley, *Retour au meilleur des mondes*, Plon, Paris, 1958, p. 107.

élève les êtres humains, la publicité les rabaisse au rang de cons (appel au sexe), de sots (appel à la bêtise) et de mateurs (recours à la fascination exercée par l'image). Au lieu de les cultiver, elle coupe les populations de leurs traditions culturelles pour les intégrer de force au système industriel. La publicité n'est pas une « nouvelle culture ». C'est l'anti-culture par excellence puisqu'elle liquide les cultures populaires aussi bien que la haute culture intellectuelle. C'est un lavage de cerveaux qui nivelle la diversité culturelle mondiale.

Si, à l'époque moderne, on estime que l'Art doit être autonome (l'art pour l'art), la publicité est servile. Alors que la création artistique est censée être l'expression libre d'une personnalité, les « créatifs » – qui se prennent pour des artistes tout en avouant, par ce néologisme, qu'ils n'en sont qu'une caricature – doivent fabriquer l'image publicitaire en suivant rigoureusement les indications des « commerciaux ». Ils ne représentent d'ailleurs que 25 % des effectifs des agences de pub, soit environ 2 500 personnes en France. Si l'on rapporte ce chiffre aux 317 000 personnes travaillant dans le secteur entier de la communication [3], on obtient moins d'1 % de créatifs...

On nous répliquera que si la publicité est au service de l'industrie, la création artistique au Moyen Âge était au service du pouvoir féodal et de la religion. Mais c'est précisément pour cette raison que l'on hésite à parler d'Art (au sens strict qui ne se réduit pas à la question du Beau) avant que la création esthétique ne se constitue, à l'époque moderne, en sphère indépendante. Et ce parallèle avec le Moyen Âge, en dépit de son caractère réducteur, indique une manière pertinente de concevoir la publicité : une imagerie au service de la religion consumériste et de ces nouvelles puissances féodales que sont les marques.

Alors que son préfacier présente la publicité comme un « nouvel art », Bernard Cathelat, publicitaire cynique qui a

3. Chiffres tirés de l'AACC (Association des agences de conseil en communication) et de l'UDA (Union des annonceurs).

le mérite d'être franc, dément ensuite ses propos : « Ici l'Art n'est qu'un leurre, un alibi à l'expansion du produit imaginaire [4]. » Il s'agit bien de se disculper de faire un si moche *business*. Selon les historiens de l'art, si la pub le détourne si souvent, ce n'est pas seulement pour compenser un déficit de créativité, mais surtout pour se réhabiliter [5]. La publicité n'est pas de l'Art au sens des Beaux-Arts, mais elle est bien un métier, une technique et, en ce sens, c'est un « art » : celui de désinformer.

Information ou formatage ?

Informer au sens large, c'est transmettre un message. Mais quand ce message est trompeur, il désinforme. Informer au sens strict, c'est donc transmettre des connaissances factuelles sur l'actualité, comme sont censés le faire les journalistes. En prétendant en public que la fonction première de la publicité serait « informative », les publicitaires se présentent au fond comme des journalistes. Contre les exigences de limitation du déferlement publicitaire, ils en appellent même à la liberté d'expression. Mais les journalistes, eux, se défendent de faire de la publicité. L'idéal fondateur du journalisme est de faire savoir ce qui se passe dans le monde. En révélant ce que les pouvoirs ont intérêt à cacher, il s'agit en outre d'exercer une fonction critique. La publicité a largement contribué au dévoiement actuel de ce double idéal. Elle en est elle-même l'inversion intégrale. Écoutons Éric Vernette, dont le discours prudent confine à la langue de bois, définir son métier :

> « La publicité peut être définie comme un processus de communication orienté émanant d'une organisation, destiné à informer une cible de l'existence d'une offre ou d'un fait, et

---

4. Bernard Cathelat, *Publicité et société*, *op. cit.*, p. 33. La préface est d'un autre pubard, Bernard Brochand, p. 16.

5. Danièle Schneider, *La Pub détourne l'art*, Tricorne, Genève, 1999, p. 253.

structuré de façon à valoriser l'émetteur du message, dans le but de convaincre la cible d'aimer et d'acheter un produit ou un service [6]. »

Sa finalité ultime n'est donc pas informative. Et, pour faire acheter, elle se doit de faire aimer la marchandise et de valoriser l'émetteur du message, jamais d'en proposer un examen critique – ce que font à l'inverse les associations de consommateurs en lutte pour une véritable information. Par définition, la publicité est *laudative*. Au service des pouvoirs économiques et politiques qui disposent du capital requis pour s'offrir ses coûteuses prestations, son rôle est de redorer leur blason en propageant les bobards qu'ils voudraient que les populations gobent.

Alors que le journalisme a en principe une fonction informative et critique, la publicité n'a qu'une fonction commerciale et apologétique. Si l'ancêtre du journaliste est le penseur éclairé, celui du pubard est le bateleur de foire qui cherchait à refourguer sa camelote en baratinant les chalands. Certains publicitaires, s'émouvant du « génie du camelot », revendiquent même leur filiation avec ces « charlatans [7] ».

La prétention informative est crédible seulement parce que, *à l'origine*, la réclame avait bien cette dimension. Émile de Girardin, fondateur du premier journal ouvert à la publicité, précisait en 1845 ce que doit contenir l'annonce : « Dans telle rue, à tel numéro, on vend telle chose, à tel prix [8]. » C'est la *réclame*, première époque de la publicité. Il s'agissait d'une extension du système des annonces. Des notices, insérées à titre payant dans une publication, présentaient dans le détail les caractéristiques des différents produits en vente.

La différence est nette. Même si elle n'était pas désintéressée, la réclame *proposait* des informations regroupées

---

6. Éric VERNETTE, *La Publicité. Théories, acteurs et méthodes*, La Documentation française, Paris, 2000, p. 10.

7. *Cf.* Claude BONNANGE et Chantal THOMAS, *Don Juan ou Pavlov. Essai sur la communication publicitaire*, Le Seuil, Paris, 1987, p. 18-19.

8. Cité par Joachim MARCUS-STEIFF, « La publicité », *Encyclopaedia Universalis*, *art. cit.*, p. 428.

en début ou en fin de brochure, et elle ne cherchait pas à déguiser les objets manufacturés en produits artisanaux. Aujourd'hui, la publicité s'impose partout, et comme la *nature* du produit (ses qualités réelles, ses implications possibles...) et son *histoire* (où et quand il a été fabriqué, par qui...) sont le plus souvent susceptibles de dégoûter le client potentiel, son rôle est de les occulter. L'information porte tout au plus, comme le dit Vernette, sur l'*existence* d'une offre : on annonce qu'une marchandise est là, sans dire vraiment ni ce qu'elle est ni d'où elle vient. Et encore. Qui croit que Coca-Cola fait de la pub pour faire connaître son existence ?

À part les petites annonces entre particuliers, plus rien ne correspond aujourd'hui au modèle de Girardin. En interne, les publicitaires le reconnaissent : « L'information est choisie, souvent tronquée, toujours partiale... Son but n'est pas d'informer mais de faire désirer en donnant de l'intérêt à des produits et à des marques qui parfois n'en ont guère [9]. » Dans l'économie moderne où la surproduction atteint des sommets, ce ne sont pas les clients qui cherchent les biens dont ils ont besoin, mais les marchandises qui les traquent. Il faut les formater, les transformer en « consommateurs ». Certains managers imaginent même de créer biologiquement une « nouvelle race de superconsommateurs [10] ».

Communication ou harcèlement ?

Les publicitaires savent que le nom donné aux choses est constitutif de la manière dont elles sont perçues. Ainsi, tel déodorant sera appelé « Natrel » pour évoquer le « naturel », alors qu'on cherche à vendre le contraire. Ils ont su appliquer ce principe à leur profession. Devenue un système pavlovien de conditionnement, la réclame était mal vue ; ce vieux terme fut alors abandonné pour celui de

---

9. Jacques LENDREVIE et Denis LINDON, *Mercator. Théorie et pratique du marketing*, Dalloz, Paris, 1997, 5e éd., p. 472.

10. Propos de la revue *Sales Management*, cité par Vance PACKARD, *L'Art du gaspillage*, Calmann-Lévy, Paris, 1962, p. 20.

publicité, positivement connoté puisqu'il évoque le « bien public », et permet ainsi d'inverser la réalité. Car la seule chose publique dans la publicité, c'est le public importuné ; annonceurs, publicitaires, afficheurs, etc. sont des entreprises *privées*.

Mais les publicitaires ont dû recourir une nouvelle fois au principe du « novlangue » anticipé par Orwell dans son roman *1984*. À cause des critiques dont la publicité a fait l'objet, ce terme s'est à son tour chargé de connotations négatives. En 1973, leur lobby s'est alors rebaptisé Association des agences de conseil en communication. En attendant de voir, dans quelques années, les « pages de Pub » remplacées par des « pages de Vérité » !

On voit l'intérêt d'employer le terme *communication*, qui évoque le dialogue et le partage. Mais dans la publicité et la com', il ne s'agit ni d'échanger, ni de confronter des idées. On veut imposer des « images ». Cette pseudo-communication à sens unique n'est que le monologue élogieux que les bureaucraties industrielles et politiques tiennent bruyamment sur elles-mêmes dans l'espace public. Produit d'une armée de publicitaires patronnée par des élites cyniques, elle s'abat sur un public qui cherche plutôt à s'en prémunir.

Car les réclames actuelles, personne ne les réclame. Comme le remarque Vernette, « la publicité est une forme de communication particulière, car elle n'est pas perçue de manière identique par les différentes personnes impliquées : vitale pour l'entreprise, plutôt évitée par les consommateurs [11] ». C'est peu dire : chaque progression de la publicité fut refusée *massivement* par les Français. 17 % seulement étaient favorables à l'introduction de la « publicité conflictuelle » à la télévision en 1967 (avant cette date, seules les filières générales – par exemple, les « produits laitiers » – et non les marques concurrentes avaient le droit de s'y promouvoir). 70 % étaient opposés à y voir de la publicité politique en 1985. De l'aveu de la bible du métier, le *Publicitor*, 52 % étaient franchement hostiles à la publicité en 1976, et

11. Éric Vernette, *La Publicité...*, *op. cit.*, p. 13.

seuls 8 % vraiment favorables. Et le pape de la profession, Jacques Séguéla, écrit en 1990 que 75 % de ses concitoyens sont publiphobes [12].

Mais c'est justement parce que les gens cherchent à l'éviter que la publicité doit les harceler. Car tel est bien le terme approprié pour cette pression indésirable de tous les instants. Certains vont même jusqu'à dire que « la pub, c'est le viol [13] ». Les bien-pensants trouveront cela exagéré. Les pubards, eux, cherchent bien la « pénétration mémorielle [14] »...

« Curieuse communication, en vérité, qui se satisfait d'un dialogue de sourds » et se situe « au-dessous du niveau de la conscience et du langage », admet Cathelat [15]. N'admettant de réponse qu'en termes d'achat, la suggestion publicitaire est en effet de l'ordre de l'hypnose. Il s'agit d'endormir la conscience pour transmettre des injonctions (achète ci ! consomme ça !). Le système publicitaire s'est annexé la notion de communication en la détournant de son sens originel. Car si la publicité, c'est de la communication, c'est au même titre que la propagande – et les propagandistes prétendaient eux aussi faire de l'art, de l'information et *tutti quanti*.

Des méthodes sophistiquées de persuasion sociale

Quand on leur reproche en public ce qu'ils revendiquent en privé : influencer et désinformer, les publicitaires répliquent immanquablement que les consommateurs ne

---

12. Joachim MARCUS-STEIFF, « Publicité », *art. cit.*, p. 429 ; Armand MATTELART, *L'Internationale publicitaire*, La Découverte, Paris, 1989, p. 241 ; Bernard BROCHAND et Jacques LENDREVIE, *Publicitor*, Dalloz, Paris, 1993, p. 493 ; Jacques SÉGUÉLA, *C'est gai, la pub !* Hoëbeke, Paris, 1990, p. 40.

13. Robert GUÉRIN, *La Pub, c'est le viol*, O. Perrin, Chambéry, 1961.

14. Expression de Jean-Louis Chandon, *in* Éric VERNETTE, *La Publicité..., op. cit.*, p. 155.

15. Bernard CATHELAT, *Publicité et société, op. cit.*, p. 132 et 166.

s'y trompent pas et restent donc tout aussi libres qu'auparavant – comme le veut d'ailleurs le dogme central de l'idéologie libérale : le marché fonctionne comme une « démocratie » où « le client est roi », en ce sens qu'il choisit librement ses achats. Les *marketers* et les publicitaires ne sont alors que ses fidèles serviteurs et ses loyaux conseillers. L'« esprit marketing », nous expliquent-ils sans rire, est l'attitude mentale qui accorde la « primauté à la satisfaction des consommateurs [16] ».

Sophisme ! Ces philanthropes qui s'agitent autour du client sont au service des firmes, et leur rôle est de chercher par tous les moyens à contrôler les décisions de ce « souverain ». En interne, ils définissent le marketing comme « l'ensemble des moyens dont dispose une organisation pour influencer, dans un sens favorable à la réalisation de ses propres objectifs, les attitudes et les comportements des publics auxquels elle s'intéresse [17] ». Les publicitaires sont l'équivalent des sophistes de l'Antiquité, ces manipulateurs professionnels qui vendaient leurs techniques de persuasion aux élites désirant confisquer la démocratie. Persuader, c'est modifier les idées de quelqu'un, et pour être persuasif sur un sujet débattu, il suffit, comme Platon l'écrit dans le *Gorgias*, de flatter l'auditoire, de le brosser dans le sens du poil. Ce qui présuppose de savoir au préalable ce que les gens veulent entendre – aujourd'hui, on dirait : faire une étude de marché, un sondage d'opinion – et de manipuler les mots pour gagner leur confiance. La sophistique est l'art oratoire de séduire les assemblées et d'emporter leur adhésion. Et pour cela, tous les moyens sont bons, comme la démagogie et l'appel aux émotions, nobles ou viles.

La persuasion repose sur une conception purement instrumentale du langage. On ne recourt pas aux mots pour leur signification, mais pour leur pouvoir d'évocation. Les publicitaires n'ont que faire de la vérité. Ils cherchent l'*efficacité* et la *crédibilité*, l'adhésion des auditeurs à leur discours

---

16. *Cf.* Theodore Levitt, *L'Esprit marketing*, Éd. d'Organisation, Paris, 1972.
17. Denis Lindon, *Le Marketing*, Nathan, Paris, 1992, p. 6.

et non l'adéquation de leur discours à la réalité. Dans ce but, ils ont su s'appuyer sur toute la batterie des sciences humaines : sociologie, psychologie, psychanalyse, sémiologie, linguistique et, dernièrement, les sciences cognitives.

Flatter, séduire, influencer – ce sont aussi les maîtres-mots de tous les manuels publicitaires. Ce métier, c'est la « persuasion sociale », l'exploitation de la crédulité humaine. On détermine les « attentes des masses », puis on élabore des messages enjôleurs leur associant la camelote à écouler. « C'est un commandement de la publicité : flatte le consommateur [18] ! » Et c'est à ce principe que recourent aussi les idéologues libéraux du « marché démocratique ». Qu'y a-t-il de plus flatteur pour le client que d'être couronné roi ?

De la chasse aux clients au *warketing*

Si l'on a pu dire que le client est roi, c'est que, dans un contexte de guerre économique acharnée, la ressource la plus précieuse d'une entreprise est sa clientèle. Tout sera donc fait pour attraper le bestiau. Le client n'est pas roi, c'est une proie pour l'entreprise qui en a besoin pour vivre, comme les loups ont besoin des brebis. Les consommateurs étant une denrée trop rare pour satisfaire les appétits de tous les prédateurs, la survie de ces derniers dépendra de leur capacité à en attirer un nombre suffisant dans les mailles de leurs filets. Elle dépendra aussi de leur capacité à les fidéliser – à les domestiquer pour en faire des vaches à lait bien dociles. Écoutons Vernette :

> « La publicité cherche à attirer la cible en présentant l'offre de la façon la plus attractive possible pour la faire aimer, quitte à exagérer parfois délibérément pour retenir l'attention [19]. »

---

18. Martine Kaercher, *Les Mots clefs de la publicité et de la communication*, Bréal, Montreuil, 1991, p. 54.

19. Éric Vernette, *La Publicité...*, *op. cit.*, p. 11.

Trois choses sont remarquables dans cette déclaration :

Primo, l'évocation pittoresque de la chasse, de ses cibles et des appâts alléchants utilisés pour les piéger. La publicité, c'est précisément l'équivalent de la chasse *à l'appeau*, cet instrument avec lequel on attire les oiseaux. Autrefois, se faire duper, c'était se laisser « prendre à l'appeau ». Aujourd'hui, c'est « tomber dans le panneau » – publicitaire bien sûr ! Au XVIIIe siècle, le terme *réclame* désignait d'ailleurs, au masculin, le fameux pipeau. La publicité n'est qu'un système de leurres pour faire tomber dans le piège consumériste.

Secundo, les femmes sauront apprécier ces propos à leur juste valeur. Elles savent ce qu'ils signifient en général dans la bouche d'un publicitaire. Leur exploitation pour érotiser n'importe quelle marchandise constitue l'une des plus vieilles ruses du métier. La publicité est le viagra pour consuméristes sans désir. Rappelons que l'appeau est une sorte de flûte qui souvent reproduit le cri de la femelle pour attirer le mâle.

Tertio, si l'exagération est « parfois » délibérée, c'est donc, de l'aveu même de l'auteur, qu'elle est bel et bien permanente.

Les publicitaires se délectent encore plus de la métaphore militaire. Il ne s'agit pas d'informer, mais de chercher l'« impact » sur des « cibles ». On ne s'adresse pas à des individus, mais à des « créneaux » par un « arsenal » de moyens « sophistiqués ». Les messages sont des « missiles », des « exocets ». On mène des « campagnes », on recherche des « percées », on « fait tomber les défenses ». Enfin, on « occupe le terrain ». Le public n'est pas partenaire d'un dialogue, c'est le « théâtre des opérations » et l'enjeu du « grand combat » dans lequel la publicité se présente comme l'« arme absolue ».

L'analogie militaire est devenue le fondement théorique du *marketing warfare*, le marketing guerrier ou mercatique d'assaut [20]. En novembre 1980 eut lieu à Paris un forum sur le « marketing de combat ». Entre autres controverses :

---

20. *Cf.* Al Ries et Jack Trout, *Le Marketing guerrier*, Édiscience International, Paris, 1994 ; Jean-Louis Swiners et Jean-Michel Briet, *Warketing ! Être stratège : une autre vision de la stratégie*, ESF Éditeur, Paris, 1993.

qui donc est l'ennemi ? Ceux qui partent du principe que « le champ de bataille, c'est l'esprit du consommateur [21] » expliquent que les cibles sont les images des forces adverses, et que les clients sont des recrues de l'entreprise dans son dessein de suprématie. Mais pour d'autres, les ennemis véritables sont les consommateurs... Ainsi, Georges Chetochine, expert en marketing très consulté, lors du Cannes Air Forum en 2002 : « Le client, c'est l'ennemi ! Pour le fidéliser, il faut le désarmer, le faire prisonnier, garder l'initiative. » Ou encore : c'est « un malade, un infantile... Il faut le rendre dépendant du syndrome d'Alcatraz » !

Comme toute guerre, la guerre des marques obéit à la logique de l'escalade. Il n'est donc pas étonnant de voir la publicité se développer comme un cancer qui, de métastase en métastase, colonise le corps social jusque dans ses moindres recoins.

---

21. *Cf.* Yves H. PHILOLEAU et Denise BARBOTEU-HAYOTTE, *Le Grand Combat. Conquérir la préférence des clients*, Dunod, Paris, 1994.

2

Le cancer publicitaire

Dans les ouvrages professionnels, la définition de la publicité fait l'objet de controverses interminables. On en trouve des centaines – toutes s'accordant quand même sur un noyau évident : le but est bien d'influencer pour faire vendre. Les variations portent sur l'extension des canaux et supports utilisés à cette fin :

– au sens restreint, la publicité consiste dans l'utilisation rémunérée des cinq médias de masse. Écoutons les publicitaires parler de leurs avantages respectifs [1]. L'*affichage* est un « média coup de poing », « qui s'impose au plus grand nombre et qui est capable de forcer l'attention ». La *radio* est un « média d'accompagnement » qui « s'insinue dans la vie de tous les jours... sans que l'individu en ait véritablement conscience ». Le *cinéma* a pour atout de « bénéficier d'une audience de qualité car très captive ». La *presse* permet de « cibler précisément », mais la *télévision*, considérée comme le média « le plus convaincant » par les consommateurs et regardée en moyenne plus de trois heures par jour, est plébiscitée par les élites industrielles comme média d'abrutissement parfaitement approprié à leurs fins. Comme le dit si bien le PDG de la plus puissante chaîne de télévision française : « À la base, le métier de TF1, c'est d'aider Coca-Cola, par exemple, à vendre son produit. Or pour qu'un message publicitaire soit perçu, il faut que le cerveau du téléspectateur soit disponible. Nos émissions ont pour vocation de le rendre disponible :

1. Marie-Laure GAVARD-PERRET, « Les acteurs du marché publicitaire », *in* Éric VERNETTE, *La Publicité...*, *op. cit.*, p. 65-67.

c'est-à-dire de le divertir, de le détendre pour le préparer entre deux messages. Ce que nous vendons à Coca-Cola, c'est du temps de cerveau humain disponible[2]. »

– au sens large, qui correspond à l'usage effectif du terme, il faut ajouter le « hors-média » : publipostage (il concentre les deux tiers des budgets de marketing direct, le reste passant en catalogues, téléachat, démarchage téléphonique, VRP...), publicité événementielle (salons, foires, et maintenant partout...), Internet (sites, bannières, spams qui représentent entre 70 % et 80 % des courriels en circulation dans le monde), publicité sur les lieux de vente (présentoirs, achat des rayons où les produits seront les plus visibles, etc.), publicité par l'objet, packaging, sponsoring, relations publiques, relations-presse, etc. Comme s'en félicite le *Publicitor*, « la panoplie est large et l'imagination des publicitaires jamais défaillante : on les a vus utiliser les enveloppes de chèques postaux, les programmes, les menus, les sacs, les tee-shirts, les sachets d'allumettes, et jusqu'à des montgolfières[3] ».

Compte tenu de ces variations, les estimations des budgets colossaux qui y sont consacrés aujourd'hui en France vont de 17 milliards à 39 milliards d'euros. Si l'on part des (sous)-estimations officielles, le secteur de la publicité en France réaliserait un chiffre d'affaires de 23 milliards d'euros[4], c'est-à-dire trente fois plus que le budget du ministère de l'Environnement. Et ce n'est là qu'une partie du système publicitaire.

Les estimations de la pression sur les individus divergent pour les mêmes raisons. Selon certains publicitaires, 300 à 1 000 messages nous submergeraient chaque jour, mais selon les journalistes, la déferlante serait de 2 500 messages et, aux dires des spécialistes de *Culture Pub*, elle pourrait même atteindre 7 000 messages[5] ! Ce chiffre apparemment invrai-

---

2. Patrick Le Lay, *Les Dirigeants face au changement*, Les Éditions du Huitième Jour, 2004.

3. Bernard Brochand et Jacques Lendrevie, *Publicitor*, *op. cit.*, p. 18.

4. *Cf.* M.-H. Blonde et V. Rozière, « Le secteur de la publicité en 2000 », *Info-Média 7*, 2003.

5. Éric Vernette, *La Publicité...*, *op. cit.*, p. 20 ; *Le Monde diplomatique*, mai 2001 ; *Télérama*, n° 2839, 9 juin 2004.

semblable est plausible si l'on inclut *tous* les moyens par lesquels une marque communique pour vendre, et notamment les logos que nous croisons sans cesse sur les produits dérivés, les sacs plastique, les vêtements, etc. La difficulté de ces estimations, c'est que nous ne percevons pas *consciemment* le dixième des messages auxquels nous sommes exposés. « Notre cerveau, sollicité de toutes parts et à tout moment, s'est doté de protections pour éviter d'être submergé. La conséquence est, pour le publicitaire, une forte mortalité des messages[6]. » Cette mortalité le chagrine : pourquoi les consommateurs ingrats n'absorbent-ils pas goulûment ses messages ?

Heureusement pour nos bienfaiteurs, il n'est pas nécessaire de regarder les pubs attentivement pour qu'elles aient leurs effets. Il suffit de les voir régulièrement pour qu'elles se gravent inconsciemment. La publicité ne « marche » pas instantanément. Elle fonctionne plutôt comme un bain de sollicitations dans lequel nous sommes plongés à longueur de journée – un véritable *milieu* qui contribue largement à la dégradation de notre environnement.

La pollution des pollutions

La publicité est une pollution au sens strict, *énergétique*. Un grand hebdomadaire comporte 50 % de pubs[7], ce qui donne, pour un poids moyen de 300 grammes et une diffusion à 500 000 exemplaires, la bagatelle de 4 000 tonnes par an de papier glacé imprimé à l'aide d'encres très polluantes.

Mais le publipostage (adressé ou non) constitue le comble du gâchis. C'est la production de « purs déchets », d'objets *faits* pour aller majoritairement et directement à la poubelle. Aux États-Unis, près de 90 milliards de prospectus sont postés chaque année, soit le cinquième du nombre total de lettres

6. Éric Vernette, *La Publicité..., op. cit.*, p. 20.
7. Bernard Cathelat, *Publicité et société, op. cit.*, p. 75.

au monde [8] ! La France, cette fois, n'est pas « en retard » : la firme Adrexo se vante d'en distribuer à elle seule 5,5 milliards. Et La Poste n'a pas abandonné la pollution postale au secteur privé. Devenue leader national en 2004, elle utilise les clés dont elle dispose pour transformer nos boîtes aux lettres en vide-ordures. Par le géomarketing, elle quadrille les populations pour en connaître les habitudes, puis loue aux annonceurs divers fichiers *Postcible* accompagnés (si on y met le prix) des numéros de téléphone. *Particulier Volume* propose 18 millions d'adresses, et *Particulier Précision* 5,5 millions, sélectionnables selon 218 critères. Bien sûr, tout cela est présenté comme une « source d'enrichissement pour le consommateur [9] ».

L'affichage extérieur ajoute à la pollution énergétique (papier, colle, encre, métal, consommation électrique des affiches mobiles rétro-éclairées correspondant par an à celle de deux familles de quatre personnes !) un cloaque visuel *imposé* à tout le monde. Voici les propos d'un des pères fondateurs de la publicité, qui aurait pu y penser plus tôt :

> « J'ai une passion pour les paysages, et je n'en ai jamais vu un seul amélioré par un panneau d'affichage. C'est lorsqu'il érige une affiche devant d'agréables perspectives que l'homme est à son plus vil. Quand je prendrai ma retraite de Madison Avenue, je lancerai un groupe d'autodéfense... pour abattre des affiches après la tombée de la nuit. Combien de jurés nous condamneront lorsque nous serons pris en flagrant délit de généreux civisme [10] ? »

La France a le triste record européen du nombre de panneaux : plus d'un million, dont 30 à 40 % illégaux, selon l'association Paysages de France qui dénonce une législation particulièrement propice à la « pubtréfaction » paysagère. Ce

---

8. Source : Union postale universelle.

9. Les chiffres et les citations de tout ce chapitre sont tirés des sites Internet des firmes mentionnées.

10. David OGILVY, *Confessions of an Advertising Man*, Atheneum, New York, 1963.

maquis de règles complexes pouvant faire l'objet de multiples dérogations transforme en parcours du combattant le simple fait de savoir si un panneau est légal ou non. En cas d'infraction portée devant les services administratifs, si l'afficheur se met en conformité dans un délai de quelques semaines, il n'a aucune amende à payer... Et c'est ainsi que la lèpre publicitaire a défiguré notre pays. Bien sûr, JCDecaux, numéro un européen de l'affichage, présente son travail comme un « embellissement » et même comme une « réduction de la pollution visuelle ». Et, pour protéger ses panneaux de la colère des Suédois ne partageant pas sa conception du « bon goût », la boîte a récemment engagé des vigiles...

Dans le domaine sensoriel, il faut ajouter la pollution sonore des pubs radio et télé, diffusées plus fort que le reste des programmes. Pour que ces vociférations s'impriment en profondeur, on recourt à des chansonnettes aussi débiles qu'indélébiles. Les radios commerciales sont saturées d'annonces, de quinze à vingt minutes par heure ; la télévision l'est moins, compte tenu d'une législation limitative que les pubards contournent et cherchent à abolir. Et ces pollutions audiovisuelles s'imposent à présent dans les lieux publics.

Il aurait été injuste que nos narines restent indemnes de toute sollicitation mercantile. Heureusement, le marketing sensoriel ne manque pas d'« esprit d'innovation ». En 2003, France-Rail-Publicité lance le premier « réseau d'affichage olfactif », avec des « minidiffuseurs de senteurs » intégrés à des panneaux flatulents. Mais le stade de la pollution totale est atteint par la publicité motorisée. On se souvient des anciennes camionnettes qui ajoutaient à leur pollution énergétique, visuelle, sonore et olfactive celles du panneau véhiculé et du mégaphone. Ce concept refait surface aujourd'hui. Des bagnoles pelliculées de pubs sont vendues en *leasing* à condition d'un kilométrage quotidien minimum. McDonald's a aussi confié des voitures-réclame à des parents allant cueillir leur bambin à la sortie de l'école. Peut-être diffuseront-elles bientôt des « senteurs » et, comme d'habitude, on justifiera la « pubanteur » occasionnée par la puanteur automobile compensée.

Toutes ces pollutions énergétiques et sensorielles sont autant de *pollutions mentales*, de dégradation du contenu de nos esprits. On reconnaît plus de logos que de sortes de fleurs, on connaît plus de slogans que de poèmes, etc. Une maison d'édition italienne, propriété de ce *marketer* universel qu'est Berlusconi, a introduit des annonces au cœur même du roman *Città e Dintorni*, dont l'auteur, Luigi Malerba, a déclaré espérer « que la publicité deviendra l'âme de la littérature ». La mainmise des marques n'a pas de limites. Nestlé a acheté le mot bonheur, Pepsi-Cola la couleur bleu et, pour accroître sa notoriété, Benetton exploite la souffrance dans le monde en la banalisant par son *shockvertising* (contraction de *shocking* et *advertising* : la publicité choc). La publicité récupère toutes les valeurs pour mieux les dévaluer et diffuser son idéologie consumériste. Pollution pluridimensionnelle, elle n'a d'autre but que de faire consommer les produits du système industriel, c'est-à-dire de la *matrice de toutes les pollutions*. En ce sens, elle constitue bien la pollution des pollutions.

Escalade, surenchère et prolifération

Les pubards sont conscients de toute cette pollution, et certains voudraient même calmer le jeu. Mais rien n'y fait, et surtout pas les déclarations d'intention. Car le déferlement est un *effet de système*, une conséquence inévitable de la logique publicitaire.

L'arsenal publicitaire permet aux marques de « se positionner » sur le marché et de se construire une « identité ». Dans la guerre qu'elles se mènent, lésiner sur les moyens, c'est se condamner à disparaître. Pour gagner, il faut être offensif. Les belligérants entrent donc dans une logique de surenchère, *quantitative et qualitative*, des armes utilisées. Non seulement le volume de publicité s'accroît, mais les techniques publicitaires sont de plus en plus variées, raffinées et agressives. C'est la « course aux budgets pub [11] » et,

11. Marie-Laure GAVARD-PERRET, « Les acteurs du marché publicitaire », *art. cit.*, p. 66.

comme la course aux armements, elle est facteur de prolifération. Écoutons-les nous expliquer l'origine de la « surpression publicitaire » : la « part de marché » d'un produit étant proportionnelle à sa « part de voix » sur le marché publicitaire, à chaque fois qu'un concurrent accroît son budget, il faut *s'aligner* pour ne pas se faire distancer, et même *faire encore plus* afin d'augmenter ses parts de marché [12].

Dans un univers saturé d'annonces, comment obtenir l'attention du prospect ? En criant plus fort que les autres, comme le prescrit la « loi du carré » : pour doubler un score d'attention, il faut multiplier par quatre la surface d'exposition [13]. La surenchère *quantitative* est donc exponentielle. Les coûts sont alors vertigineux et, pour les éviter, d'autres tactiques, *qualitatives*, sont possibles : « Attirer en surprenant ou en choquant [14]. » Aguichage vulgaire et racolage obscène sont de rigueur, comme le fameux *teasing* (publicité par épisode) du réseau d'affichage Avenir. Lundi, Myriam en bikini déclare : « Dans deux jours, j'enlève le haut » ; mercredi, elle est *topless* et fait monter la pression : « Dans deux jours, j'enlève le bas » ; vendredi, elle est nue, mais de dos : « Avenir, l'afficheur qui tient ses promesses. »

Il n'y a aucune limite interne à la publicité. La concurrence entre les agences garantit même qu'il y en aura toujours une prête à monter d'un cran. On pourrait croire que l'opinion publique impose tout de même, de l'extérieur, des limites infrangibles. Mais ces limites sont perpétuellement dépassées. Pourquoi ? Face au public, les publicitaires arguent de l'« évolution des mentalités ». (Comme les contraintes juridiques, trop rigides, les empêchent de la suivre, c'est aussi de cette manière qu'ils justifient leur privilège de l'« autodiscipline éthique ».) Entre eux, c'est un autre son de cloche que l'on entend : la surenchère répond à la nécessité de

---

12. Daniel Caumont, « Budget et contrôle de l'efficacité publicitaire », *in* Éric Vernette, *La Publicité..., op. cit.*, p. 170.

13. Bernard Dubois, *Comprendre le consommateur*, Dalloz, coll. « Gestion », Paris, 1994, p. 62.

14. Éric Vernette, *La Publicité..., op. cit.*, p. 22.

pallier la baisse de rendement liée aux *protections* que se créent les individus, ainsi qu'à leur *accoutumance*.

Comme l'explique le président de l'IAA France, les jeunes téléspectateurs « possèdent les clefs pour décoder les messages publicitaires et se créent des défenses de plus en plus fortes contre ces messages. Il faut les surprendre sans cesse [15] », et donc attaquer par surprise, là où ils s'y attendent le moins, afin de contourner le zapping et ce décodage funeste à l'« efficacité du message ». C'est ainsi qu'est née l'« insertion-produit », une forme de publicité clandestine : on croit regarder des séries télé alors qu'il s'agit en fait de catalogues organisés selon un schéma narratif. La transformation du cinéma en « cinémarque » ne s'est pas fait attendre. Parfois, il y a plus de cent cinquante insertions-produits dans un film. Pour les réalisateurs, ce sponsoring se traduit par des retouches de scénario, et par des heures perdues à optimiser l'« image » des produits.

Le phénomène de l'accoutumance est connu. Les drogués doivent constamment augmenter les doses pour obtenir le même effet. Selon les publicitaires, il en va de même dans leur insistant métier. Le prospect s'habituant aux excès quantitatifs et qualitatifs de la publicité, il faut augmenter les doses et varier les toxines, « contrebalancer l'effet d'adaptation » par des « tactiques de rupture (variation des messages, création d'un choc) [16] ». Les Américains aiment le franc-parler : « Les consommateurs sont comme des cafards – on les asperge, on les asperge et, au bout d'un moment, ils sont immunisés [17]. » Et donc, comme le prescrit cet expert, « il faut faire preuve d'audace, dépasser la norme, aller plus loin que le tabou social [18] ». Bien sûr, l'audace n'est ici qu'absence

---

15. Bernard Petit, « La pub de demain... », intervention citée en introduction.
16. Éric Vernette, *La Publicité...*, *op. cit.*, p. 26.
17. Propos cité par Naomi Klein, *No Logo. La tyrannie des marques*, Actes Sud/Babel, Arles, 2001, p. 37.
18. Henri Joannis, *De la stratégie marketing à la création publicitaire*, Dunod, Paris, 1999.

de scrupules, et la subversion des tabous sert avant tout l'Ordre marchand.

S'il faut toujours dépasser les bornes, c'est cependant de manière *progressive*, sinon l'équivalent de l'overdose risque de se produire. Les prétendus dérapages sont soigneusement calculés. Il faut titiller la limite de l'inacceptable, sans aller *trop loin*. Mais compte tenu de l'accoutumance, elle se déplace avec le temps. On peut toujours la repousser *un peu plus loin*, seulement il ne faut pas y aller *trop vite*. S'il est vrai que « trop de pubs tue la pub », il ne faut pas entendre qu'existe une limite absolue. Le bombardement publicitaire conduit à une « lente mithridatisation qui fait que le seuil de désintérêt et d'indifférence monte au long des années en même temps qu'augmente l'espace publicitaire introduit dans les médias [19] ». Le « trop de pubs » est donc relatif à un moment donné, le seuil de tolérance est *évolutif*. Il y a trente ans, la prolifération actuelle aurait paru intolérable. De même que personne en France ne supporterait *aujourd'hui* la saturation américaine – mais dans quelques années... Et cela s'applique aussi au *shockvertising*. Myriam avait scandalisé il y a vingt ans, mais aujourd'hui, pour choquer et faire parler, on est passé au « porno chic ».

L'escalade publicitaire entre les marques, la baisse tendancielle de son efficacité, la passivité des citoyens, tout concourt à la croissance du cancer publicitaire. Comme le remarque malicieusement Séguéla, roi des bateleurs travaillant inlassablement à l'ouverture de nouveaux marchés publicitaires : « Quel don du ciel... d'échapper au stress et au strass, à la consommation et à la communication... Bref, d'avoir l'âme simple et donc pure [20] ! » Et bientôt, réussir à préserver son âme de ces fléaux relèvera vraiment du miracle.

---

19. *Ibid.*

20. Jacques Séguéla, préface à J.-C. BAUDOT et Sylvie RAU, *Le Père Noël par le père Noël*, Glénat, Bruxelles.

De lumineuses perspectives d'avenir

En France, les dépenses annuelles de publicité ont doublé en moins de dix ans. On est en plein boom publicitaire. La part du PIB consacrée à cette industrie ne cesse de croître : 0,6 % en 1995, 0, 8 % en 1999, le cap du 1 % venant d'être franchi. Et cette explosion n'est pas près de s'arrêter, puisque la France est en « retard ». Aux États-Unis, où les dépenses publicitaires augmentent quatre à six fois plus vite que le reste de l'économie, elles représentent déjà plus de 2 % du PIB [21].

Il faut donc se préparer à un boom permanent, et à une pénétration toujours plus insidieuse de la publicité dans la vie publique et privée. La publicité envahit tout, des SMS aux toilettes des bars – comme si les *Cartapub* (cartes postales publicitaires gracieusement offertes), les logos sur les verres, les tables creuses et les téléviseurs ne suffisaient pas. Accepter l'arrivée de la publicité, c'est en effet de l'argent facile qui s'offre tout à coup, pourquoi s'en passer ? On connaissait les téléphones portables gratuits avec interruptions publicitaires ; sur le même principe, on offre aujourd'hui des ordinateurs.

Alors que la France en est encore à emballer bus et rames de métro, Naomi Klein [22] nous raconte comment les marques américaines s'emparent d'immeubles transformés en monumentales pubs 3D, de quartiers voire de villes entières dont elles rebaptisent les rues. Le sponsoring artistique inverse le mécénat. Maintenant, les marques sont les vedettes des événements culturels, les musiciens sont rhabillés comme des poupées de vitrine. On fait de l'insertion-produit jusque dans certains musées où les marchandises à vendre sont mises sur le même piédestal que les œuvres d'art et autres témoignages du passé.

---

21. Daniel ARONSSOHN, « L'économie de la séduction », *Alternatives économiques*, n° 190, mars 2001, p. 61 ; Éric VERNETTE, *La Publicité...*, *op. cit.*, p. 9.
22. Naomi KLEIN, *No Logo*, *op. cit.*, première partie.

La publicité s'attaque à l'école française. Les affiches y font leur apparition, on offre aux enseignants des mallettes pédagogiques, des commerciaux les remplacent même parfois, sachant eux aussi faire des « démonstrations ». Par exemple, les marques de tampons et serviettes hygiéniques se sont un temps substituées aux profs de biologie pour apprendre aux adolescentes à gérer leur maturité. Mais c'est encore « bon enfant » par rapport à la mainmise des enseignes sur l'enseignement aux États-Unis.

Au cours des années 1990, la colonisation publicitaire de l'espace scolaire y a augmenté de 539 % (tableaux, murs...) et le parrainage de matériel éducatif de 1 875 %. Des firmes dictent le contenu des cours, offrent manuels et agendas gorgés d'annonces, fournissent l'accès Internet gratuit et peuvent ainsi non seulement soumettre les élèves à un jet continu d'annonces, mais en plus étudier leurs pratiques de navigation et revendre ensuite ces informations. Et huit millions d'élèves regardent chaque jour *en classe* des programmes télévisés bourrés de pubs. Des élèves se sont mis en grève, des récalcitrants ont été exclus, certains ont même passé une journée en centre de détention juvénile[23].

Les marques sont déjà les stars des centres commerciaux, il ne leur reste plus qu'à prendre la place des étoiles dans le ciel. L'idée de « mettre à profit le firmament » en comblant son vide improductif d'un spectacle à la fois « magnifique et instructif » devait déjà agiter le bocal des réclamiers français au XIXe siècle pour que Villiers de L'Isle-Adam y consacre un *Conte cruel* sublime, *L'Affichage céleste*. Certes, des avions publicitaires gâchent déjà l'azur de nos vacances, mais Space Marketing Inc. met la barre plus haut. Son défi : mettre en orbite des panneaux d'un kilomètre carré où les logos apparaîtraient aussi grands et lumineux que la pleine lune.

---

23. Michael MOORE, *Mike contre attaque !* La Découverte, Paris, 2002, p. 124-130 ; Florence AMALOU, *Le Livre noir de la pub. Quand la communication va trop loin*, Stock, Paris, 2001, p. 104.

Publicité absolue, universelle, à laquelle personne ne pourrait plus échapper.

La surenchère publicitaire est infinie. Seule la position de strictes limites juridiques pourrait éventuellement la bloquer. Mais cette revendication est bien naïve, car ce déferlement résulte d'un choix politique qui domine tous les partis et toute notre société : moins d'impôts. Quelle manne pourra alors compenser les coupes budgétaires dans les services publics ? La publicité, que tout le monde justifie par le financement qu'elle procure, se présentera « naturellement » pour pallier le désengagement d'un État qui se retire précisément afin de baisser les impôts des firmes qui font de la publicité. La boucle est bouclée, et moins d'impôts, c'est plus de pub.

Mais pour saisir les raisons profondes de la prolifération publicitaire, il faut aller au-delà de ces tendances récentes, et comprendre que la publicité s'inscrit historiquement et logiquement dans le développement continu du capitalisme industriel.

3

Et le capitalisme créa la pub

Enseignes, annonces, affiches et prospectus existent depuis bien longtemps. Dans les foires médiévales, crieurs, bonimenteurs et charlatans promettaient déjà monts et merveilles pour appâter le client. Mais tout cela n'a rien à voir avec la publicité et en constitue tout au plus la préhistoire. Ce n'est qu'au milieu du XIXe siècle, avec la révolution industrielle, que les premières agences font leur apparition simultanée en Europe et aux États-Unis. La publicité émerge alors comme activité incontournable, systématique et spécialisée.

« Née de l'industrialisation », la publicité se définit, aux dires des publicitaires, comme une « industrialisation de l'art de vendre [1] ». La réduire à une extension, certes envahissante, de l'achalandage des clients dans les rues commerçantes traditionnelles est donc aussi déplacé que de la ramener à une forme de journalisme. Elle est à l'enseigne de boutique ce que les « armes de destruction massive » sont au couteau de table. Car elle est fondamentalement liée à la production de masse moderne et à son corollaire, l'impérieuse nécessité d'écouler les surplus.

> « C'est le machinisme qui a, en fait, appelé la véritable publicité, en créant des biens de consommation de plus en plus nombreux et de plus en plus excédentaires, qu'il faut faire absorber à la population... jusqu'à épuisement des stocks [2]. »

---

1. Bernard BROCHAND et Jacques LENDREVIE, *Publicitor, op. cit.*, p. 6.
2. Bernard CATHELAT, *Publicité et société, op. cit.*, p. 57.

Une économie de subsistance (une société dont les membres produisent le nécessaire pour vivre) n'a bien sûr pas besoin de publicité. Et même une économie de marché moderne et prospère, rurale et artisanale, comme celle des États-Unis jusqu'au milieu du XIXe siècle, n'en a pas besoin. La machine publicitaire n'est apparue qu'à partir du moment où existait, pour la première fois dans l'histoire, une grande industrie très concentrée, produisant *en masse* des biens de consommation courante pour un marché national (et même au-delà), avec des procédés techniques nouveaux qui préfigurent l'automatisation. L'émergence de la publicité résulte alors de la triple nécessité, pour les grandes entreprises :

1. de maîtriser ce vaste marché national, de s'assurer qu'elles parviendront à vendre, au-delà des circuits locaux traditionnels, les immenses quantités produites. Ce qui n'a rien d'évident, parce que le « marché » n'est plus, désormais, un ensemble concret de clients plus ou moins bien connus, mais une masse abstraite de consommateurs lointains. Il devient donc indispensable de dépenser des sommes considérables pour s'attacher ces inconnus par les moyens de communication modernes, qui ont précisément l'« avantage » de s'adresser aux « masses ». À la relation personnelle de clientèle de l'époque préindustrielle, la publicité substitue un ersatz de lien d'autant plus standardisé et impersonnel qu'il se prétend « personnalisé et privilégié » ;

2. d'écouler les produits secondaires ou résiduels issus des nouveaux procédés industriels, en premier lieu la *fabrication continue*. Prenons l'exemple de la production de flocons d'avoine aux États-Unis. Aliment traditionnellement réservé aux animaux, sa production est révolutionnée par les nouvelles machines, à partir de 1880. Celles-ci permettent, et en fait exigent la transformation permanente de quantités d'avoine si importantes qu'il devient nécessaire d'*inventer* de toutes pièces un nouveau marché pour écouler les excédents et rentabiliser les investissements. C'est ainsi qu'apparaissent les céréales pour petit déjeuner, dont la diffusion auprès du grand public est soutenue par la publicité et... par les autorités scientifiques, sur l'appui desquelles les grandes

entreprises pourront presque toujours compter pour contribuer à l'« éducation des masses », sous couvert de santé. Suivront bientôt de nouvelles céréales à base de blé, les flocons de maïs, les aliments pour bébés, tous issus de la nouvelle production industrielle et prenant progressivement la place des consommations habituelles de la population.

De la même façon, c'est pour utiliser à plein ses nouvelles installations de production de savon que Procter & Gamble se lance dans la production de lessive, d'huile de coton, d'huile de cuisine, autant de choses que les gens se procuraient autrement par le passé, souvent par des procédés de récupération et de transformation domestiques. Plus récemment, c'est dans cette même logique : éviter les pertes financières liées à la non-utilisation des restes des carcasses, que l'industrie agroalimentaire en fit des « farines animales » pour nourrir un bétail habituellement non carnivore. Ce ne sont pas les vaches qui sont « folles », mais les industriels pris dans un système qui les oblige à adopter les procédés les plus délirants pour maintenir leur taux de profit ;

3. de différencier et de mettre en valeur des produits industriels dont l'uniformité n'a d'égale que la piètre qualité. Les nouvelles techniques de production impliquent en effet une standardisation considérable des biens de consommation courante. Les publicitaires ont alors pour mission de distinguer, aux yeux des consommateurs, des marchandises que presque plus rien, justement, ne distingue. Comme ils le disent si bien : dans un « monde de biens équivalents », c'est « du facteur psychologique, c'est-à-dire des techniques de persuasion, que le producteur peut surtout attendre la différenciation valorisante qui entraîne l'acte d'achat [3] ». Il s'agit de créer une « valeur imaginaire ajoutée sans laquelle les produits ne seraient que ce qu'ils sont [4] ».

La publicité, au fond, n'est que l'*industrie de promotion de l'industrie*. Sa fonction première est de promouvoir la consommation des produits industriels et leur substitution aux

3. *Ibid.*, p. 58.

4. Jacques SÉGUÉLA, *Le Vertige des urnes*, Flammarion, Paris, 2000, p. 34.

usages populaires traditionnels. Les cigarettes manufacturées détrônent la pipe, le tabac à priser ou à chiquer, les boissons sucrées se substituent à l'eau, la cuisine domestique est remplacée par des plats sous cellophane dont la fadeur est à peine exhaussée par l'abondance des additifs cancérigènes.

L'émergence de la publicité a donc coïncidé avec l'entrée dans une nouvelle ère du capitalisme, une époque d'accomplissement de ce système. L'accumulation du capital reposant désormais sur la production de masse, il ne pouvait perdurer qu'en colonisant toutes les dimensions de l'existence sociale et individuelle. L'impératif de produire toujours plus allait bientôt se traduire par celui de consommer massivement.

La logique capitaliste d'accumulation sans fin

Pourquoi parler d'impératif de produire toujours plus ? Parce que le capitalisme est un mode de production fondé sur le principe d'accumulation *sans fin* de l'argent. Sans fin, c'est-à-dire à la fois : *sans but*, sans finalité autre qu'elle-même ; cette accumulation monétaire ne vise que son propre prolongement ; et du coup, elle est aussi *sans limite*, sans aucun terme prévisible. Ce système économique, absurde et prométhéen, a donc vocation à se saisir de tout le monde concret, la nature et les hommes, afin de les « mettre en valeur ». Bien sûr, il faut tout de même que les marchandises produites soient écoulées et, pour cela, qu'elles aient une « utilité » dans le cadre social remodelé par ce système. Mais la valeur d'usage reste secondaire et subordonnée à la création de profits.

Cette logique n'est en fait que l'inversion de la logique économique normale. Dans *Le Capital*, Karl Marx opposait ainsi :

– la logique des besoins : Marchandise ⇨ Argent ⇨ Autre marchandise (M-A-M')

– la logique du profit : Argent ⇨ Marchandise ⇨ Plus d'argent (A-M-A +)

Il est raisonnable de chercher à échanger les produits de son travail (M) contre de l'argent, afin de pouvoir acheter d'*autres marchandises*, produites par d'autres travailleurs (M'). Dans cette logique traditionnelle, le principe et le but, c'est la satisfaction des divers besoins par les marchandises, et l'argent n'est qu'un moyen pour que les individus, qui ne peuvent tout produire tout seuls, puissent se compléter en échangeant les produits de leurs travaux respectifs.

Tout autre est la logique capitaliste. On dispose d'un capital de départ (A) que l'on veut faire fructifier, on l'investit dans la production de marchandises que l'on revend ensuite en tâchant d'en retirer *plus d'argent* que l'on n'en avait au départ (A +). L'argent n'est plus le moyen de l'échange, il en devient la fin. Et l'échange devient le *moyen* de transformer un montant d'argent donné en un montant supérieur, qui sera lui-même réinvesti, sous peine de se déprécier, et ainsi de suite. Il ne faut donc pas s'étonner que, malgré l'indécente « richesse » de nos sociétés, les besoins élémentaires d'une part de la population ne soient pas satisfaits. Tel n'est pas le but de ce système qui a subordonné la satisfaction des besoins par l'échange à l'accumulation du capital.

Contrairement à ce que l'on croit souvent, Marx n'a pas été le premier à comprendre cette inversion et à s'en inquiéter. Plus de deux mille ans avant lui, Aristote avait déjà distingué les deux processus. Il avait baptisé le second *chrématistique*, et considérait que cet échange marchand qui ne visait pas la satisfaction d'un besoin, mais l'accumulation d'argent, était une pratique hautement condamnable du point de vue moral et politique, car susceptible de dissoudre toutes les communautés, tous les liens non marchands. Avec la modernité industrielle, cette pratique s'est intensifiée et généralisée, en s'appuyant en outre sur un appareil de production menaçant les conditions de vie. Il ne devrait donc nullement y avoir besoin d'être marxiste pour considérer cette inversion comme un des faits majeurs de la modernité, et un des plus grands obstacles à la réalisation de ses idéaux.

Comme on le voit, il ne s'agit pas de condamner l'échange comme tel – qui a été pratiqué par toutes les sociétés passées, en leur sein ou avec d'autres –, ni même l'existence de la monnaie. Au contraire, il s'agit de critiquer une logique de valorisation sans fin qui conduit à leur dévoiement et à leur expansion conjointe. D'une certaine manière, toutes les économies antérieures au capitalisme étaient, bien plus que la nôtre, des économies d'échange. Les notions d'« échange » et de « marché », qui connotent la coopération et la paix, masquent trop souvent, dans les esprits contemporains, le fait moderne central de l'accumulation, porteuse de la guerre économique permanente.

Ainsi, le capitaliste n'investit dans un processus de production que s'il pense en tirer un surplus financier. Cet impératif de base de l'économie capitaliste, au niveau (microéconomique) de l'entrepreneur individuel, se traduit, au niveau global (macroéconomique), par l'impératif catégorique de croissance.

L'impératif de Croissance

Pour chacune des nations qui participent au grand jeu économique mondial, il est vital que le PIB, la « richesse nationale », augmente chaque année. Le capitalisme interdit la stagnation. Il ne s'agit pas d'une fantaisie propre à tels dirigeants politiques ou économiques, à une culture nationale (américaine par exemple) ou à une phase de « développement ». Par nature, le capital ne peut vivre que dans le mouvement et l'expansion. Et, par contrecoup, notre société est également dépendante de cette expansion ! Car la stagnation entraîne mécaniquement des licenciements, des baisses de salaires, un tarissement des prélèvements de l'État et des caisses de Sécurité sociale (le nombre de cotisants et le montant des cotisations diminuant). Il en résulte alors des difficultés pour financer les « indispensables » revenus de transfert (allocations diverses, remboursements de Sécu, pensions de retraite...), qui ne seront surmontées que si, assez rapidement, l'économie repart à la hausse.

Qu'on songe seulement aux difficultés rencontrées par la société française depuis quarante ans, du fait que la croissance économique n'est, en moyenne, « que » de 2 % chaque année. Or, cela aboutit tout de même à un doublement de la richesse nationale sur l'ensemble de cette période ! Notre organisation socio-économique exige que la richesse produite ne cesse d'augmenter, et même qu'elle augmente de plus en plus vite. Il faut que le montant dont elle croît chaque année soit toujours supérieur à celui dont elle avait crû l'année précédente. Dans ce cadre, une croissance « seulement » constante de la richesse nationale est un insupportable ralentissement, dont nous subissons les conséquences à plus ou moins court terme, puisque nos ressources se réduisent toujours plus aux revenus monétaires. En effet, une partie croissante des citoyens modernes ne dispose d'aucun accès à des ressources non monétaires plus ou moins gratuites. Sans idéaliser le passé, il est important de réaliser que bon nombre d'évolutions souvent perçues unilatéralement comme des progrès – urbanisation, extension du salariat, etc. – ont abouti à rendre les individus de plus en plus dépendants d'un mouvement économique qui est lui-même de plus en plus indépendant de leurs besoins.

Et quand ce n'est plus d'un ralentissement de la croissance qu'il s'agit, mais d'un recul de la production (d'une décroissance), alors l'économie et la société modernes sont littéralement menacées d'effondrement. Il est frappant, par exemple, de songer que la richesse annuelle produite par les États-Unis a pu être divisée par deux, entre 1929 et 1933, l'économie américaine étant ramenée en trois petites années à son niveau de 1900 !

Une économie capitaliste ne peut pas stagner ou reculer durablement. Si elle commence à le faire, elle risque de s'écrouler brutalement de manière cumulative (à cet égard, la stagnation prolongée du Japon, depuis une dizaine d'années, est assez exceptionnelle). Et il n'y a qu'à la lumière du traumatisme engendré par la crise américaine de 1929 (avec ses conséquences mondiales) que l'on peut comprendre le ton vibrant et pathétique des socialistes français au lendemain des attentats du 11 septembre 2001. À l'époque généraux des armées économiques, ils appelèrent solennellement à la « mobilisation de tous pour que soit conforté le cercle positif consommation-croissance-création d'emplois ». Les consommateurs devaient faire preuve de « patriotisme économique » et ne pas céder à une « sinistrose » qui serait fatale à l'Économie [5].

Depuis la crise de 1929, la consommation des marchandises de masse a été érigée, dans toutes les économies industrialisées, en *impératif civique*. Dans les années 1950, Eisenhower expliquait que le bon Américain doit « assumer sa fonction économique » et consommer « n'importe quoi » ; à la radio, des chansons martelaient qu'« acheter, c'est le devoir du citoyen [6] ». La surconsommation est effectivement devenue indispensable au mouvement d'expansion de nos économies. Un recul de la consommation peut provoquer un blocage des investissements des entreprises, une diminution de la production, des débauchages ou, à défaut, du chômage technique. Globalement, ce système économique ne peut perdurer que si les populations consomment de plus en plus des mêmes marchandises, ou bien de nouveaux types de marchandises, ce qui implique que s'étende le champ des activités monétarisées et lucratives. La marchandisation de nouveaux pans des activités sociales et humaines, qui de nos jours suscite tant d'indignation, est inscrite nécessairement dans la dynamique capitaliste.

Nous sommes prisonniers d'une mécanique infernale. Il est dans la nature de ce système de mettre constamment les sociétés au bord du gouffre, ou plutôt de les y maintenir artificiellement. Prenons l'exemple de la France des années 1945-1947. Il s'agissait d'une société frappée par la pénurie, à l'issue de deux guerres mondiales. L'enjeu d'un redémarrage rapide de la production était alors, indéniablement, la

5. *Cf.* notamment Lionel Jospin dans *Ouest-France* le 27 septembre 2001.
6. *Cf.* Vance Packard, *L'Art du gaspillage*, *op. cit.*, p. 26-28.

survie d'une partie importante de la population, privée de vêtements, de logement et parfois même des aliments de base. Mais il est remarquable qu'une fois la « reconstruction » considérée comme achevée, l'impératif de produire toujours plus reste tout aussi pressant. Il faut perpétuellement se moderniser, devenir toujours plus efficace et compétitif.

Les économies capitalistes sont hantées par le spectre de la pénurie. Le problème de la survie n'y est jamais résolu, car si on ne produit pas plus, l'économie s'effondre. Ainsi, même quand les nécessités de base sont satisfaites pour tous ; même quand on arrive au point où le problème des quantités disponibles cède le pas à celui de leur répartition ; même quand on a dépassé ce point depuis longtemps et qu'une partie de la population perd sa vie à produire des choses inutiles ou nuisibles : *il faut absolument croître, malgré tout.* Il est donc dans la nature de notre société de susciter sans cesse de nouveaux besoins, car elle est prisonnière d'une logique de « survie augmentée », selon le mot lumineux de Guy Debord dans *La Société du spectacle.* Elle repousse les limites de la survie (c'est-à-dire de la rareté) toujours plus loin. L'abondance et la vie (la vraie, celle qui ne serait plus soumise à l'impératif de travailler et de consommer sans répit) s'échappent à mesure que nous croyons nous en approcher, ou qu'on nous les fait miroiter.

Il n'est certes pas facile, pour une société, de résoudre le problème de la rareté, et plus d'une s'est heurtée aux limites que la nature fixe aux hommes. Mais une société capitaliste ne peut pas résoudre ce problème, à plus forte raison aujourd'hui que nous sommes six milliards sur notre planète et que le problème est plus ardu que par le passé. Parce que cette organisation socio-économique « n'est pas faite pour ça » : « elle est faite », précisément, pour que le problème de la rareté ne soit jamais résolu. Il est donc urgent d'en sortir. Mais cela ne se fera pas en étatisant l'économie.

Capitalisme et « socialisme », deux variantes de l'idéologie productiviste

En prenant résolument position contre le type d'économie qui régit les sociétés occidentales depuis deux siècles (et désormais le monde entier), nous ne pensons évidemment pas que le « socialisme réellement existant » du XXe siècle, dans les pays d'Europe de l'Est et d'Extrême-Orient, ait constitué une alternative. Les États « socialistes » n'ont en réalité jamais mis en œuvre qu'un ersatz du capitalisme, pendant leurs tristes décennies d'existence : un capitalisme d'État, ou capitalisme bureaucratique. La vitesse à laquelle la Chine est passée de la tragédie maoïste au Grand Bond en avant capitaliste devrait achever de convaincre les derniers sceptiques que « capitalisme libéral » et « socialisme réellement existant » n'ont à bien des égards été que les deux faces apparentes d'un ruban de Moébius, les deux variantes d'un même projet de « mise en valeur » productiviste du monde.

Il est ici important de démentir une idée reçue, largement diffusée par les apologistes de la publicité : cette dernière serait une « institution de la liberté » puisqu'il n'y en avait pas en URSS. En réalité, il y en avait, mais beaucoup moins qu'aux États-Unis. Dans les années 1970, les investissements publicitaires y atteignaient à peine ceux de l'Italie. Compte tenu des délires de la planification, certains produits manquaient cruellement tandis que d'autres étaient fabriqués en surnombre. Pour favoriser leur écoulement, on eut recours à la publicité, comme dans tous les pays industriels [7].

Ainsi, jamais le « socialisme » n'a mis en cause l'impératif catégorique de produire toujours plus, et pour cela d'exploiter les hommes et la nature. En définissant le capitalisme par sa dynamique d'accumulation sans fin, nous nous démarquons de ceux (malheureusement si nombreux)

7. Sur la publicité en URSS, voir le dossier de *Advertising Age*, 12 mars 1979.

qui ne voient dans la question sociale qu'un problème de droits de propriété. Dans une économie industrielle, la question du caractère privé ou public, plus ou moins socialisé, de la propriété est au fond secondaire (à bien des égards, nos économies « de marché » sont d'ailleurs très socialisées). Compte tenu de ce que nos sociétés modernes produisent, il n'y a là qu'un choix entre deux modes de gestion d'une dynamique qui reste fondamentalement la même, et c'est ce qui est produit qui doit être critiqué.

L'URSS et ses pays satellites avaient fait le choix de la collectivisation, de la centralisation et de la planification bureaucratique de l'économie. Il se trouve que, pour de multiples raisons qu'il n'y pas lieu de toutes développer ici, cette voie s'est montrée moins performante que la voie « libérale ». Le capitalisme à « économie de marché » (c'est-à-dire avec des doses contrôlées de planification et d'intervention étatique) a mieux su promouvoir l'accumulation de richesse. Ceci notamment parce qu'il est parvenu à vendre aux populations occidentales ce que seul le socialisme semblait à même de leur offrir, au XIXe siècle : le confort matériel. Il était en effet inimaginable, avant les deux guerres mondiales, qu'un adoucissement (ne serait-ce qu'apparent et provisoire) des conditions de vie, notamment pour les classes laborieuses, puisse se produire sans qu'au préalable soit aboli ce système économique honni des masses. En compensation de la dépossession des citoyens modernes de tout contrôle direct sur les moyens de subsistance et de production, ceux-ci ont reçu (inégalement bien sûr) le droit de consommer abondamment les marchandises que la publicité agite en permanence sous leurs yeux ébahis.

Voilà qui a apparemment suffi à étouffer tous les projets d'émancipation formulés jusqu'à la première moitié du XXe siècle, et dont les révoltes de 1968 et des années suivantes furent comme les derniers échos. La publicité est un pilier de la société capitaliste. Elle est progressivement devenue un secteur productif à part entière, elle qui pourtant ne semble rien produire. En fait, elle y produit peut-être l'essentiel : le désir d'acheter et son renouvellement incessant. En poussant au conformisme de la pseudo-distinction et à l'abandon de toutes les pratiques autonomes de la vie traditionnelle, en formatant et en bornant l'imaginaire des individus, elle joue un rôle de premier plan dans la préservation de l'ordre social actuel. Vouloir la contester sans mettre en cause cet ordre est illusoire.

4

La généralisation du consumérisme

Le développement du capitalisme au fil des diverses révolutions industrielles ne pouvait se faire sans remodeler en profondeur la vie quotidienne. Le *consumérisme* est l'aboutissement socioculturel de cette dynamique. La consommation est devenue le sujet de nos discussions et l'objet de nos fantasmes. Comme le dit Jean Baudrillard, elle est la « morale » de notre temps [1]. Mais parler de *société de consommation* risque d'entretenir l'illusion qu'elle serait fondamentalement différente de la société (de production) industrielle. Comme si l'une pouvait aller sans l'autre. Comme si le mode de production capitaliste pouvait ne pas engendrer un mode de vie fondé sur l'hyperconsommation.

Certes, il y a eu un décalage historique entre l'émergence de la société industrielle centrée sur l'usine et son accomplissement dans notre société organisée autour des centres commerciaux et des supermarchés, *usines de consommation* présupposant le réseau mondial des usines de production. Au XIXe siècle, le capitalisme produisait surtout des infrastructures de production et des marchandises de luxe réservées aux nantis. Pour la majorité des populations, les biens de consommation courante étaient issus de l'économie domestique et du petit commerce local. Au XXe siècle, la consommation des masses est progressivement intégrée aux circuits capitalistes. Dans cette généralisation du consumérisme, la publicité a joué un rôle à la fois crucial et limité. Car

1. Jean BAUDRILLARD, *La Société de consommation*, Gallimard, coll. « Folio essais », Paris, 1983, p. 114.

si l'hameçon prend, c'est parce que le système publicitaire a su s'appuyer, en les exacerbant, sur des dynamiques sociales et pulsionnelles qui lui préexistaient. C'est aussi parce que bien souvent, les conditions d'existence ne laissent guère la liberté de vivre autrement qu'à son image. Mais il faut d'abord souligner que cette généralisation a répondu à une double nécessité, économique bien sûr, mais aussi politique.

La nécessité économique de contrôler le marché

Se contenter de dire que le consumérisme n'a été « possible » que sur la base du productivisme, c'est le présenter comme une « opportunité historique » que les nouveaux moyens de production auraient offerte à l'Homme. Le consumérisme serait l'Utopie Universelle Réalisée, le pays de Cocagne auquel toutes les époques passées auraient aspiré. Comme dans tant de pubs : « Vous en avez rêvé, Sony l'a fait. » De même que les industriels prétendent réaliser les « désirs les plus profonds » des consommateurs, le consumérisme viendrait accomplir les « rêves immémoriaux » de l'Humanité. C'est un conte pour enfants : « Il était une fois l'Homme doté de ses Besoins, mais une Nature-marâtre le condamnait à la Privation. Après un long chemin à travers le Progrès et la Science Économique, il rencontra la Société Industrielle dont il avait toujours Rêvé. Il fut enfin Heureux. »

L'histoire réelle montre tout autre chose : le consumérisme a été historiquement nécessaire comme condition *sine qua non* de la survie du capitalisme. Qu'il soit son aboutissement logique est suffisamment illustré par les aspects concrets de ce mode de vie. Tout ce qui, au XIXe siècle, caractérisait le travail à l'usine va ensuite s'étendre à la vie quotidienne : l'organisation minutée du temps et l'impératif de ne pas en perdre, la « rationalisation » de la vie courante (impératif d'efficacité, culte de la performance...) et son automatisation (règne des machines). On mène une vie industrieuse pour s'offrir l'accès obligé aux derniers produits-miracles de l'industrie. La consommation devient industrielle, de par le type d'objets consommés et de par leurs quantités.

En affirmant que cette industrialisation de la vie quotidienne a été nécessaire, et qu'elle a dû être imposée, du moins *impulsée* par la publicité, nous nous heurterons au scepticisme de ceux qui restent fascinés par l'univers industriel et consumériste – en général d'autant plus enthousiastes qu'ils n'ont jamais mis les pieds dans les usines d'où proviennent leurs marchandises-fétiches. Pour eux, le consumérisme résulte uniquement du « choix libre » des individus. Cette reproduction de l'idéologie libérale présente l'avantage d'avoir le soutien immédiat de la conscience individuelle, qui se refuse en général à s'admettre influençable. La contester est sans doute perdu d'avance, puisqu'il est toujours plus facile de faire croire aux gens qu'ils sont libres et même souverains que de leur faire comprendre que ce n'est pas si simple. Essayons malgré tout, en commençant par rappeler le propos d'un publicitaire américain des années 1920, dans la célèbre revue professionnelle *Printer's Ink* :

> « L'appareil productif moderne [...] a non seulement permis, mais même rendu indispensable que la plupart des gens jouissent du confort et des loisirs, que le destin des entreprises repose sur leur capacité à *fabriquer des clients* aussi bien que des produits [2]. »

Ce texte dément l'explication libérale du consumérisme. Celle-ci oppose notre système, l'économie de « marché », à l'économie planifiée de type soviétique. Le marché idéal, modèle qu'on imagine en partant du marché de village d'antan, met en concurrence une *multitude de producteurs* proposant divers produits entre lesquels les consommateurs font leur choix. La « main invisible » garantit que l'offre s'ajuste

2. Cité par Stuart EWEN, *Consciences sous influence*, Aubier Montaigne, Paris, 1983, p. 65.

à la demande, que les producteurs obéissent aux exigences des consommateurs. C'est la théorie de la *democratic market-place* dans laquelle « le client est roi », alors que, dans un système planifié, ce sont les bureaucrates qui décident de ce qui sera offert aux consommateurs. La généralisation du consumérisme s'expliquerait donc par les « besoins innés » et les « désirs spontanés » des individus.

Cette théorie veut inspirer des idées d'Adam Smith qui vivait à la fin du XVIIIe siècle, à une époque préindustrielle où le système publicitaire n'existait pas. Elle analyse le jeu de l'offre et de la demande sans jamais faire référence aux intermédiaires de vente. Elle fait comme si la publicité, cette entremetteuse entre producteurs et consommateurs, n'existait pas. Il serait en effet inconvenant d'inclure dans les savantes abstractions du « pur marché » et de l'« équilibre général » ce qui relève de la cuisine commerciale.

L'économiste américain J. K. Galbraith a démontré que cette théorie n'était pas valable dans les économies modernes dont le secteur industriel, qui ne cesse de s'étendre, se caractérise par la réduction de la multitude des producteurs à une *poignée de grandes firmes*. À partir d'un certain niveau de concentration, les entreprises sont obligées de prévoir et donc de *planifier* leurs activités. Quand elles investissent, des années à l'avance, d'immenses capitaux, elles doivent s'assurer que la production de masse sera vendue. Le marché cède alors le pas à la « filière inversée » : c'est l'offre qui régule la demande, et cette régulation signifie son conditionnement par une industrie qui « embrasse un énorme réseau de communication, un grand déploiement d'organisations commerciales et de vente, la presque totalité de l'industrie publicitaire [3]... » Avec le système publicitaire, la « main invisible » s'est transformée en matraque omniprésente.

Ce dont les prétendus libéraux nous font l'éloge permanent n'a donc rien à voir avec le marché de Smith. Il s'agit en réalité, pour reprendre une expression d'Henri Lefebvre, de

3. John Kenneth GALBRAITH, *Le Nouvel État industriel*, Gallimard, Paris, 1979, 3e éd., p. 245.

cette « société bureaucratique de consommation dirigée [4] » qui a fait l'objet des analyses critiques de l'École de Francfort en Allemagne, de Socialisme ou Barbarie en France, du Center for the Study of Commercialism aux États-Unis, et bien sûr de l'Internationale situationniste.

Le consumérisme, un projet politique de contrôle social

Cette analyse économique est confirmée par Stuart Ewen dans *Consciences sous influence*, une histoire de la publicité et de l'idéologie consumériste américaines durant l'entre-deux-guerres. On sait que les méthodes industrielles de travail ont été en général imposées par les managers. Les ouvriers ont souvent vécu ces « progrès » comme une dégradation de leurs conditions de travail, et parfois se révoltèrent. Le consumérisme lui aussi a été imposé par l'industrie, *via* la publicité notamment, en rencontrant moins de résistance.

L'industrialisation de la production à la fin du XIXe siècle avait entraîné une telle croissance de la quantité de marchandises que les grands patrons américains comprirent vite, comme le dit l'un d'eux, qu'il allait falloir « imposer un certain niveau et un certain type de consommation [5] ». L'idée que les classes laborieuses pourraient et *devraient* participer au système industriel d'une nouvelle manière, en tant que « masses consommatrices », commençait à faire son chemin. Mais à cette nécessité économique s'ajoutait une nécessité politique. Au début du XXe siècle, la situation sociale américaine était très agitée. Les ouvriers réclamaient moins un aménagement des conditions du salariat que l'abolition pure et simple de ce qu'ils considéraient comme une forme moderne d'esclavage. Le problème central des

---

4. Henri LEFEBVRE, *La Vie quotidienne dans le monde moderne*, Gallimard, Paris, 1968, p. 133.

5. Cité par Stuart EWEN, *Consciences sous influence*, *op. cit.*, p. 28. Toutes les citations qui suivent sont tirées du début de cet ouvrage.

patrons, comme le disait en 1915 un manager influent, Meyer Bloomfield, était alors « d'avoir leurs hommes en mains ». Comment neutraliser ces ardeurs anticapitalistes qui dénonçaient les conditions de vie imposées par l'industrie ?

La pression des luttes sociales et le spectre de la surproduction ne firent que s'intensifier à la suite de la Première Guerre mondiale. Les patrons devaient trouver une solution à ce double problème, et l'idée de faire d'une pierre deux coups s'imposa. En concédant aux travailleurs le confort par la consommation, on écoulerait les surplus et calmerait les contestataires. Vaste programme que Christine Frederick a formulé en 1929 :

> « *"Consumptionism"* est le nom donné à la nouvelle doctrine ; et il est admis aujourd'hui que c'est la plus grande idée que l'Amérique pût donner au monde, idée selon laquelle les masses laborieuses [...] peuvent aussi être considérées comme des *consommateurs*. [...] Payez les plus pour leur vendre plus et faire plus de profit, voilà comment il faut raisonner. » *(Selling Mrs. Consumer.)*

On le voit, l'idée de généraliser le consumérisme n'était pas désintéressée. Comme toujours, il s'agissait de faire du profit et de détourner les ouvriers des idéaux d'autogestion. Mais cette « grande idée » allait avoir des répercussions bien plus profondes, car elle impliquait en fait une *nouvelle conception de l'être humain et de l'ordre social*.

Le « consommateur » est une figure abstraite, individualiste et dépolitisée. Abstraite, puisque « le » consommateur n'existe pas : c'est une fonction. Mais, en ne s'adressant qu'à cette figure moyenne construite de toutes pièces pour correspondre aux impératifs d'une production standardisée, les publicitaires allaient effectivement homogénéiser et standardiser les populations. C'est aussi une figure individualiste et dépolitisée, puisque le consommateur, par opposition au prolétaire, n'a de revendication que privée. Il ne fait pas partie d'une classe, mais d'une masse. Or, cette nouvelle conception s'est finalement imposée à tout le monde, reléguant les autres figures humaines (le citoyen, l'intellectuel humaniste, l'ouvrier engagé...) au rang d'antiquités. L'homme fut ainsi réduit au rôle d'appendice des chaînes de production.

Cette idée impliquait aussi un nouveau type de contrôle social. Ewen montre que les capitaines d'industrie voulaient se faire « capitaines de conscience ». Meyer Bloomfield déclarait en 1925 que le « nouveau métier de directeur de personnel devait dépasser les questions d'organisation de l'usine pour s'intéresser à la rationalisation du cadre de vie des travailleurs ». Dans ce projet d'étendre le *management* à la vie quotidienne, et notamment à la ménagère, la publicité apparut comme l'outil idéal. Il s'agissait de faire travailler les « masses » une seconde fois à l'accumulation du capital, en les incitant à consommer *à la maison* ce qu'elles produisaient *à l'usine*. Il ne faut donc pas s'étonner que ce soit précisément dans les années 1920 que les dépenses de publicité aient connu leur pic historique, en proportion du revenu national américain. En 1922, elles en absorbaient 4,3 % [6].

De même que la rationalisation de la production avait exigé des études détaillées sur le travail ouvrier, des experts se mirent à décortiquer la vie quotidienne des masses. Comme le clame Cathelat, fondateur du Centre de communication avancée qui analyse les « styles de vie » pour affiner le socio-ciblage : dans notre « société de consommation de masse forcée », « la vie sociale et privée des individus [...] suscite progressivement un intérêt considérable chez les producteurs, lesquels désirent non seulement la connaître, mais aussi l'orienter ». La publicité est « une école sociale de consommation indispensable à l'équilibre du système ». Sa tâche : enseigner le « métier de consommateur [7] ». La consommation est un travail social extorqué en plus du premier, et la publicité doit faire en sorte que personne ne chôme en la matière.

---

6. Joachim MARCUS-STEIFF, « Publicité », *art. cit.*, p. 427.
7. Bernard CATHELAT, *Publicité et société*, *op. cit.*, p. 61-63 et p. 138.

C'est donc une profonde erreur de croire que le consumérisme se serait diffusé spontanément. Derrière ce mode de vie, il y avait un projet de renforcement du système capitaliste. La publicité a évidemment joué un rôle central dans sa généralisation, mais elle ne l'explique pas à elle seule. Si les pubards sont des mégalos qui affirment dans *Printer's Ink* « produire des consommateurs à la chaîne [8] », ces déclarations sont avant tout l'expression de leurs fantasmes de toute-puissance. Pour comprendre le consumérisme, il ne suffit pas de les montrer du doigt. La publicité n'a pu jouer son rôle qu'en canalisant des dynamiques qui la précédaient.

La consommation comme logique sociale de distinction

La question du rôle de la publicité dans la généralisation du consumérisme se pose d'autant plus que ce mode de vie est manifestement pathologique. En principe, la satisfaction met un terme à la consommation. Mais, dans le consumérisme, tout se passe comme s'il n'y avait aucun terme possible. La consommation devient *insatiable* et se prend elle-même pour objet. On ne consomme plus pour satisfaire des besoins déterminés, mais *pour consommer*. Le *shopping* en est le stade ultime. L'envie compulsive et le besoin d'acheter s'y substituent au besoin des choses à acheter. Le consumérisme est une drogue, une boulimie marchande que rien ne semble pouvoir limiter, pas même le fait d'en devenir obèse.

Une telle démesure est incompréhensible si l'on s'en tient à l'idée naïve que la consommation humaine, comme la nutrition animale, obéirait à une nécessité vitale. Le fait d'absorber des aliments pour leur valeur énergétique est certes un impératif biologique pour tous les être vivants. Mais les humains ne consomment jamais les choses *seule-*

8. Cité par Vance PACKARD, *L'Art du gaspillage*, *op. cit.*, p. 214.

ment pour leur valeur d'usage, leur capacité à satisfaire des besoins. La consommation a aussi une signification sociale et culturelle. On réinvestit de sens les objets que l'on consomme, on les manipule comme symboles de son appartenance sociale ou culturelle. On consomme pour se distinguer et affirmer son identité au regard des autres. Cette logique de consommation ostentatoire a toujours existé, même chez les peuples dits primitifs. Et chacun peut constater, en lui et autour de lui, la « fierté » qui résulte de la possession du dernier truc à la mode.

Dans des sociétés inégalitaires comme les nôtres, cette logique obéit elle-même à une volonté d'ascension sociale. Les individus aspirent en général à s'élever dans la hiérarchie sociale, et cherchent à signifier le statut acquis par la possession des objets qui le symbolisent. L'aspiration des moins favorisés, c'est d'accéder au même niveau de consommation que les plus favorisés, et la préoccupation des riches, c'est de maintenir un type de consommation qui les distingue des pauvres. La consommation devient compétition. Aux États-Unis, c'est un proverbe : « Il ne faut pas se laisser distancer par les Jones. »

La consommation n'obéit donc pas à la logique *individuelle et biologique* de la satisfaction des besoins, mais à une logique *sociale* où les biens consommés prennent valeur de signes statutaires. Comme l'écrit Baudrillard, « on ne consomme jamais l'objet en soi (dans sa valeur d'usage) – on manipule toujours les objets (au sens le plus large) comme signes qui vous distinguent soit en vous affiliant à votre propre groupe pris comme référence idéale, soit en vous démarquant de votre propre groupe par référence à un groupe de statut supérieur ». On comprend mieux la spirale du consumérisme. La situation de chaque individu dans l'échelle sociale étant toujours *relative* à des échelons supérieurs et inférieurs, la compétition pour le prestige implique que l'on cherche à rattraper le groupe admiré et à se distinguer de ceux que l'on méprise. Processus infini, car on trouvera toujours plus haut que soi à imiter, ou plus bas que soi à distancer. Seule cette relativité « peut rendre compte du caractère fondamental de la consommation, son caractère *illimité*[9] ».

On ne saurait comprendre le consumérisme si on ne saisit pas la logique sociale de distinction qui régit la consommation. Pour autant, cette logique ne l'explique pas *à elle seule*. C'est le capitalisme industriel qui a rendu possible et nécessaire que la consommation entre dans une spirale sans fin. En fait, la logique capitaliste est venue se greffer sur une logique de distinction qui lui préexistait. Le rôle de la publicité – sous-estimé par Baudrillard – est alors crucial : *elle assure le couplage entre la logique sociale de la distinction par la consommation et la logique économique d'accumulation du capital par la production industrielle – couplage qui précisément définit le consumérisme.*

La logique de la consommation n'implique pas en elle-même que l'on cherche à se distinguer en surconsommant des marchandises industrielles. On peut se distinguer en consommant autre chose, ou en consommant moins. Les bourgeois montrent souvent un goût marqué pour les vieux produits artisanaux, et une certaine aversion (bien compréhensible) pour les marchandises de mauvaise qualité issues de certaines de leurs usines. Il fallait donc mettre la consommation sur les rails de l'industrie. Comment la publicité s'y est-elle prise ?

Attiser les envies pour inoculer de nouveaux besoins

Les publicitaires recourent souvent aux notions de « besoin » et de « désir » pour expliquer leur travail. Mais les besoins, limités, sont incapables d'expliquer la logique infinie du consumérisme. On parlera alors plutôt du désir qui, lui, ne connaît pas de limites. Mais personne ne croira

---

9. Jean BAUDRILLARD, *La Société de consommation, op. cit.*, p. 79 et 80.

sérieusement que la dynamique sauvage du désir puisse *spontanément* porter sur des fours à micro-ondes ou des baskets, objets conventionnels peu susceptibles de déclencher eux-mêmes une folie pulsionnelle.

C'est tout sauf nos désirs et nos besoins que nous satisfaisons dans le consumérisme, comme en témoigne le sentiment de vide, d'ennui et de lassitude que tant de nos contemporains ressentent. Ce sont d'ailleurs ceux qui parviennent à se détacher volontairement de la consommation qui sont souvent le plus épanouis, puisqu'ils n'aspirent pas *sans cesse* à quelque chose *de plus*. À croire que, pour satisfaire nos besoins et nos désirs intimes, il faille justement sortir de la logique consumériste – comme si son effet premier était de nous les occulter. Ces notions ne sont donc pas susceptibles d'expliquer le consumérisme – sauf bien sûr à les rapporter non aux individus, mais au système industriel qui, en effet, a besoin de nos « besoins » et de nos « désirs » pour se développer.

Le consumérisme se joue sur un tout autre plan, celui des *envies*. Avoir envie de quelque chose, cela signifie d'une part que cette chose n'est pas indispensable (ce n'est pas un besoin), et de l'autre qu'on n'y aspire pas du plus profond de notre être (ce n'est pas un désir). Les envies sont *sociales et fugaces*, toujours relatives à des individus dont on envie le statut. La publicité les attise. Elle recourt à des modèles qui font envie, elle rend envieux les consommateurs et les pousse à un mimétisme d'autant plus capricieux qu'est rapide le renouvellement des panoplies à posséder pour s'identifier aux stéréotypes qu'elle propose.

Le consumérisme, c'est le monde social des envieux et le règne momentané des caprices. Il ne faut donc pas s'étonner qu'il n'apporte guère de satisfaction. Le plaisir est proportionnel à l'intensité du désir, qui croît avec le temps de la privation. Mais l'envie, c'est le degré zéro du désir. Y céder n'apporte qu'un plaisir bref et limité, comme on le voit avec les enfants gâtés ou avec la « dépression post-achat ». L'excitation monte jusqu'au passage en caisse, et retombe aussi vite qu'elle est apparue. Surtout, l'envie est fondamentalement une *passion triste* (Spinoza). Bourrée de ressentiment, elle n'engendre que frustration, car il y aura toujours quelqu'un et quelque chose à envier. C'est justement la ruse du consumérisme. Ne reposant que sur des envies, il se nourrira lui-même dans une fuite en avant qui, si elle n'a pas le mérite de satisfaire les gens, a celui de lubrifier la machine capitaliste. Comme le dit Séguéla : « Nous ne pouvons nous développer qu'en société de surconsommation. Ce surplus est le nécessaire du système... Ce système fragile perdure seulement par le culte de l'envie [10]. »

La publicité promeut la convoitise nécessaire à l'intensification du consumérisme. En renvoyant à des modèles de beauté inaccessibles pour faire vendre des cosmétiques, elle entretient des frustrations que leur utilisation ne saurait combler. Les pubards expliquent ainsi qu'après le « marketing du besoin », il faut passer au « marketing de la frustration [11] ». Comme on peut le lire dans *Printer's Ink* : « La publicité nous aide à maintenir les masses insatisfaites de leur mode de vie, mécontentes de la laideur qui les entoure. Les clients satisfaits ne sont pas aussi rentables que les frustrés [12]. »

Si le consumérisme n'a rien à voir avec le désir, la publicité, en nimbant toute chose d'une aura libidinale, joue volontiers sur le désir érotique. Les œillades publicitaires l'émoustillent pour le transformer en envie marchande. Il faut faire saliver : « Susciter l'envie, exciter le désir, inciter à consommer [13]. » La publicité attaque souvent « sous la ceinture » et ne lâche guère la « grappe » de ceux à qui elle cherche à inoculer de nouveaux besoins. Car tel est bien son rôle.

À part ce qui satisfait les besoins vitaux, on ne peut pas « avoir besoin » de quelque chose avant de l'avoir possédé. En effet, la possession d'une chose nous en rend souvent

---

10. Jacques SÉGUÉLA, *L'Argent n'a pas d'idées, seules les idées font de l'argent*, Le Seuil, Paris, 1993.

11. Propos de Georges Chetochine lors d'une conférence au CM.IT, 21 octobre 2003.

12. Propos cité sur la toile : www.emagazine.com/may.june_1996.

13. Maurice LÉVY (Publicis), « Désir de relance, relance par le désir », *Le Monde*, 18 février 2004.

dépendant. On s'y habitue et c'est elle qui finit par nous posséder – la drogue étant un exemple frappant de ce processus classique. Les industriels doivent donc trouver le moyen de pousser les gens à acheter leurs nouveaux produits, afin qu'ils s'y accoutument. La publicité leur sert à *initier* la production des nouveaux besoins, dont le processus est le suivant : 1. on ne ressent pas le besoin d'une chose ; 2. la publicité nous en donne envie ; 3. on l'achète et, à force, on ne peut même plus s'imaginer pouvoir s'en passer. Avant de l'avoir possédée, elle nous semblait inutile ; après, elle nous paraît indispensable.

C'est la consommation régulière, et non les publicitaires, qui crée les besoins. Essentiel puisque initial, leur rôle ne doit pour autant pas être exagéré. Nous ne sommes pas des « jouets passifs » entre leurs mains. Leur force est justement de nous rendre d'actifs consuméristes en *canalisant* nos motivations. D'une part, ils *déchaînent* ces pulsions d'appropriation, de distinction et de compétition que la culture cherche en général à brider et sublimer. D'autre part, ils *détournent* les désirs, les passions et les imaginaires vers la marchandise. Mais ils ne jouent ce rôle qu'à côté d'autres acteurs en comparaison desquels ils ne sont que des sous-fifres, d'ailleurs de plus en plus marginalisés [14]. En fait, la publicité n'est qu'un rouage, particulièrement visible, d'une machine plus vaste dont il nous faut exhiber quelques grands mécanismes.

Les stratagèmes du système industriel et publicitaire

Pour lancer les nouvelles marchandises, la publicité peut compter sur une vieille passion humaine : la curiosité. Défense contre l'ennui, cette soif de nouveautés, de découvertes, s'exprime souvent de manière intellectuelle et

14. *Cf.* Gérard LAGNEAU, *La Fin de la publicité. Essais sur la communication institutionnelle*, PUF, Paris, 1993.

culturelle. Elle peut aussi prendre un sens politique dans l'aspiration à un ordre nouveau, plus juste et plus humain. On comprend donc que le capitalisme préfère orienter cette passion vers la consommation, la transformer en *néophagie*. Divers stratagèmes sont utilisés. À côté des échantillons et des tests gratuits, la publicité présente comme « nouveauté incroyable » ce qui n'est bien souvent que changement d'emballage. Il faut aussi noter l'apologie branchée de la consommation comme « expérience ludique et ironique ».

Souvent, l'achat de nouveaux produits est bloqué par des barrières culturelles. La publicité cherche alors à faire tomber ces « freins » et ces « inhibitions [15] ». Pour promouvoir le culte du nouveau, elle stigmatise les traditions et culpabilise les « retardataires » en jouant sur les faiblesses des individus, notamment sur la peur d'être marginalisé en ayant l'air *out*. Les premiers publicitaires américains cherchaient ainsi à rendre l'individu honteux de son mode de vie, de sa culture, de tout ce qu'il avait hérité de sa famille et de son milieu. Comme le dit Stuart Ewen, ils visaient l'« acculturation du moi [16] ». Un bon exemple en est la manière dont Nestlé a diffusé son lait en poudre dans le tiers monde. Voici les slogans utilisés pour décourager l'allaitement :

> « Nourrir au biberon, c'est être moderne, scientifique, hygiénique. Occidental, donc prestigieux. Le biberon est utilisé par les gens riches, donc il est souhaitable. Les femmes évoluées l'utilisent. Une mère qui aime son enfant achète Lactogène... »

Outre ce chantage, Nestlé a intégré des pédiatres dans sa stratégie, les corrompant afin qu'ils cautionnent la consommation des substituts au lait maternel alors que ce dernier est bien plus sain. En effet, il fournit des anticorps indispensables aux bébés, et sa fonction de filtre naturel est essentielle dans des pays dont l'eau est souvent contaminée, et

15. Éric Vernette, *La Publicité...*, *op. cit.*, p. 29.
16. Stuart Ewen, *Consciences sous influence*, *op. cit.*, p. 53.

dont les populations sont trop pauvres pour assurer les conditions d'hygiène sans lesquelles tétines et biberons s'infectent rapidement. Des millions de nourrissons sont morts de cette politique [17]. Cela ne semble pas déranger les publicitaires qui déclarent fièrement : « C'est la fonction même de la publicité : susciter des chaos culturels qui introduisent en force des consommations venues d'ailleurs [18]. »

Mais le nerf de la guerre contre les traditions culturelles, c'est le système médiatique, et notamment ses divertissantes séries. En mettant en scène la vie moderne de familles riches, elles font rêver des nouveaux modes de vie. On les a appelées *soap-operas* parce que les lessiviers anglo-saxons (producteurs de savon, de lessive, de cosmétiques, etc.) ont participé à leur réalisation. Procter & Gamble, considéré comme une véritable école de publicité, a par exemple entièrement financé la série télévisée *Amour, Gloire et Beauté*. Du lessivage des vêtements au lavage de cerveaux, il n'y a qu'un pas.

Si la logique compétitive en matière de consommation a toujours existé, les médias l'exacerbent. La référence, plus encore que la famille voisine (les « Jones »), ce sont les vedettes. Le *star system* est un allié de taille du système industriel. Pour célébrer les nouveautés, rien de mieux que les célébrités. Jouant le rôle d'avant-garde consumériste, elles seront toujours friandes des dernières pacotilles suffisamment chères pour être source de prestige. Cela flatte leur ego, et permet de susciter l'envie des fans. Pour le lancement des nouveautés, les médias ne manqueront pas non plus de publier, dans leur page « shopping » ou sous forme de vrais-faux articles de « publicité rédactionnelle », les éloges issus directement des officines publicitaires. Le système est bien rôdé : 84 % des communicants d'entreprise se disent « satisfaits » de la place consacrée à leurs communiqués, et 91 % affirment même les retrouver tels quels [19] !

---

17. Jean-Claude BUFFLE, *N... comme Nestlé, le lait, les bébés et la mort*, Alain Moreau, Paris, 1986.
18. Bernard CATHELAT, *Publicité et société*, *op. cit.*, p. 91.
19. *Cf.* Florence AMALOU, *Le Livre noir de la pub*, *op. cit.*, chap. 2.

Certes, la *néophagie* ne se serait pas généralisée si les nouveautés industrielles n'avaient pas eu quelque chose de positif à offrir : le confort, la vie facile et agréable grâce aux « commodités modernes ». La vie sans effort, telle est la promesse consumériste. Bien sûr, personne ne se laisse duper par la manière dont la publicité enrobe le confort dans les clichés du bonheur conforme. Tout le monde sait que le bonheur est un problème relationnel plus que matériel, et qu'une vie *seulement* confortable risque de se révéler ennuyeuse. Pour compenser cela, le système publicitaire propose alors l'« évasion » – terme qui témoigne bien du caractère carcéral de la vie ordinaire. Et pour s'évader sans efforts, quoi de mieux que la nouveauté marchande et le divertissement médiatique ? La boucle est bouclée. Le confort et l'évasion, les deux mamelles du consumérisme, se complètent parfaitement.

Le succès du téléphone portable dévoile un autre stratagème du système industriel. De colossales campagnes publicitaires ont été organisées pour persuader de l'utilité de ces futiles brûle-cerveaux (comme ils fonctionnent à l'aide d'ondes de même fréquence que celles des fours micro-ondes, certains scientifiques sont convaincus qu'ils sont cancérigènes). Elles jouaient sur la crainte de paraître « déconnecté », ou sur l'anxiété des parents voulant surveiller leurs gamins. Mais c'est en surtaxant la connexion entre fixes et portables que les *marketers* ont poussé ceux qui n'en avaient pas à s'en acheter. Il devenait trop coûteux de rester en contact avec tous ceux qui, notamment parmi les jeunes, avaient renoncé à avoir une ligne fixe pour ne pas multiplier les frais. De cette manière, la généralisation du portable s'entretient elle-même, et tend à l'imposer comme nécessité – ne serait-ce que parce que les entreprises, soucieuses de tenir en laisse leurs employés, ne recrutent que ceux qui en ont. Cet exemple est typique de la manière dont le consumérisme crée des contraintes qui en retour l'intensifient.

Des conditions de vie contraignantes

L'attrait du confort a certes joué un rôle dans l'adhésion au consumérisme, mais il ne peut l'expliquer à lui seul. Sinon, on ne voit pas pourquoi les gens achèteraient autre chose que des hamacs. Surtout, la « vie facile » a un prix paradoxal : celui d'une dure vie de travail. En fait, ce sont plutôt les nouvelles conditions de vie qui expliquent l'attrait des « commodités » industrielles. Ce n'est pas parce qu'il est plus facile de mettre un plat surgelé dans un micro-ondes que cette manière de (ne plus) cuisiner s'est généralisée, c'est avant tout parce que, entre le métro et le boulot, on ne peut plus s'occuper du fourneau. La publicité apparaît alors sous un nouveau jour. Elle travestit en gain de « confort » ce qui n'est que contrainte objective, et contribue à rendre acceptable une vie de plus en plus misérable. Voilà pourquoi elle prolifère dans les lieux mêmes de la misère.

La publicité est une composante logique de l'espace artificialisé dans lequel nous acceptons de vivre. Elle s'y inscrit naturellement. Peut-on la contester, dans le métro, sans s'interroger sur la véritable fonction de celui-ci ? Est-il bien naturel que des millions de personnes se déplacent chaque jour d'un bout à l'autre des mégapoles, et passent plusieurs heures dans les transports pour aller travailler ? Ceux-ci ont-ils été développés pour répondre à une demande générale d'aller et venir en permanence sur de longues distances (ce qui finit par sembler « naturel » à tout le monde) ? Ou plutôt afin de rendre possible le recrutement et la mise en concurrence des salariés sur des « bassins d'emploi » de plus en plus vastes ?

Si l'on admet que c'est, au moins en partie, cette logique d'allongement des distances entre domicile et travail qui est à l'origine de l'extension permanente des réseaux de transports, alors il n'y a pas lieu de s'étonner que la publicité soit omniprésente partout où passent deux fois par jour les armées de petits travailleurs infatigables. La RATP s'en flatte sur son site Internet : « Transport ne rime plus avec temps mort », précisant aussi que « tous les coups de pub sont permis » ! Il est effectivement fonctionnel de nous offrir, pendant nos trajets, le loisir de « réfléchir » à la manière dont nous devons dépenser ce que nous gagnons. Il est tout à fait logique que la publicité vienne se *lover* dans ces *non-lieux* qui matérialisent la séparation entre le travail et le reste de la vie, entre la production et la consommation.

De même qu'il est logique qu'elle se déploie dans tous ces espaces de *transition* que sont les abords des villes, entre autoroutes, centres commerciaux et banlieues-dortoirs. Là encore, peut-on la contester sans mettre en cause l'urbanisme moderne et le fait que des pans entiers de nos villes soient voués à la bagnole et à l'hyperconsommation ? Des « zones » qui, quand on y entre par les routes nationales et autres voies rapides, apparaissent comme de véritables *territoires occupés* par l'industrie du toc : chaînes de néfaste-food, supermarchés du bricolage, du jouet en plastique et du meuble jetable. Sans leurs couleurs criardes et leurs néons blafards, ces temples de la marchandise risqueraient d'apparaître trop crûment pour ce qu'ils sont effectivement : des hangars en enfilade, préfabriqués et glauques, cernés par une marée de béton. À la limite, la publicité finit par animer et rendre vaguement supportable ce désert, en l'égayant de manière factice.

Sa fonction est donc bien différente, dans les sociétés hyper-industrialisées, de celle dont elle était investie à d'autres époques, lorsqu'elle servait de machine de guerre contre la culture populaire. Il fallait, alors, éliminer les valeurs et les usages qui entravaient le déploiement de la marchandise dans la vie quotidienne. Cette bataille culturelle semble gagnée. Mais la publicité n'en reste pas moins nécessaire pour appuyer la marchandisation des pans de l'existence qui ne l'étaient pas encore (sécurité privée, épargne-retraite en Bourse, relations amoureuses, etc.). Et elle sera toujours là, avec ses stratégies désormais aguerries, pour faire tomber les dernières barrières morales et présenter comme « naturelles et allant de soi » les innovations les plus détestables :

la marchandisation des relations de voisinage, de la procréation, de la vie... rendue de toute façon inévitable par la dégradation effective, du fait du développement industriel, de ces ultimes espaces qu'il n'avait pas encore investis.

Aujourd'hui, c'est cette dernière dynamique qui explique l'intensification du consumérisme. Les contraintes matérielles ne nous laissent la plupart du temps pas le choix. La substitution de l'univers marchand à l'ancien monde familier semble à bien des égards achevée. On peut difficilement se passer d'une voiture, s'approvisionner ailleurs qu'au supermarché, et aménager son quotidien autrement qu'avec les marchandises fournies par la grande industrie. Celle-ci a fait le vide autour d'elle, et tout le monde en est devenu dépendant. À ce titre, la publicité n'est plus un élément déterminant de l'industrialisation du monde. Il n'est même plus besoin, pour imposer le consumérisme, de convaincre de son bien-fondé. C'est plutôt pour maquiller ce triomphe du capitalisme que la publicité demeure plus que jamais nécessaire. Elle nous invite, en habillant le nihilisme marchand d'un semblant d'esthétique, à célébrer *après coup* son avancée destructrice.

En remplissant le vide engendré par l'Économie, la publicité entérine sa victoire. Par son déferlement, elle valide et clôt, sur le plan sensoriel et imaginaire, le remodelage industriel du monde. Elle participe pleinement de cette ambiance synthétique qui nous suit partout, quelle que soit notre activité, générant un bruit de fond permanent qui martèle au fond toujours le même mot d'ordre : « Il n'y a pas d'en dehors. » Dans *Brazil*, le film de Terry Gilliam, les panneaux publicitaires plantés au bord des routes empêchent les automobilistes de porter leur regard *au-delà d'eux*, sur le paysage non urbanisé et la nature. Ils bouchent l'horizon de conscience en l'encombrant de marchandises. Mais ce film révèle aussi une seconde fonction de la publicité contemporaine : cet en dehors est un *désert*, celui-là même que produit ce mode de vie dont les publicitaires nous font l'apologie.

En instillant continûment en nous la certitude qu'il n'y a pas d'autre monde possible, ni même souhaitable, et en masquant l'étendue du désastre, la publicité désamorce tout ce qui pourrait conduire à une contestation du monde industriel, et même plus : elle canalise le mécontentement qu'il suscite vers des exutoires marchands qui favorisent son développement (voyages sous les tropiques, médicaments, calmants, club de gym, jeux de hasard, etc.), et nous détourne de toute réflexion sur la vie que nous sommes forcés de mener. Terry Gilliam l'avait compris : au-delà de ses prétentions commerciales, c'est une véritable propagande.

5

La propagande industrielle

Chaque marque, par ses campagnes publicitaires, vise à conquérir de nouvelles parts de marché. Mais toutes les marques et toutes les campagnes participent en fait de la même guerre : l'avancée du front consumériste. Si les effets commerciaux des campagnes concurrentes s'annulent partiellement (nos budgets étant limités, si on se laisse persuader d'acheter une Ford, Renault perd un client), leurs effets psychologiques et idéologiques s'additionnent. Les campagnes des constructeurs automobiles confirment toutes qu'il faut absolument avoir un corbillard, et le renouveler régulièrement.

Considérée dans sa globalité, la publicité a des effets qui dépassent largement les objectifs commerciaux visés par chacune des firmes qui y recourent. Comme le montrent les études (celles des publicitaires comme celles de leurs critiques), une campagne pour tel produit dope non seulement les ventes de la marque qui l'a commanditée, mais également celles de tous les produits du même type – il ne faut donc pas s'étonner que les sucreries aient plus de succès que les fruits auprès des enfants [1]. La publicité devient un dispositif de blocage permettant d'éliminer non seulement des concurrents trop faibles, mais surtout les consommations non industrielles.

John B. Watson, fondateur du *behaviorism* et vice-président d'une des premières transnationales de la publicité, disait

1. Éric Vernette, *La Publicité..., op. cit.*, p. 10 ; *cf.* aussi les études citées par un article du *New Scientist* traduit dans *Courrier International*, n° 686-687, 24 décembre 2003, p. 31.

vouloir éliminer les « attitudes sociales qui résistent à la consommation [2] ». Il s'agit bien de gouverner les façons de vivre et de faire, de penser et de sentir : « La publicité n'est pas seulement parole commerciale, mais aussi parole politique, parole sociale, parole morale, discours idéologique toujours [3]. » Plus qu'un outil de vente, il s'agit d'une propagande, à l'échelle industrielle, du secteur industriel.

Faire de la propagande, c'est *vanter* quelque chose pour obtenir l'*adhésion* de ceux à qui l'on s'adresse, et ainsi *propager* la chose en question, que ce soit une croyance religieuse (c'est l'origine du terme), une doctrine politique ou un produit. Mais toute méthode de diffusion n'est pas de la propagande. Ce qui la caractérise, c'est de chercher à *influencer par tous les moyens*. La publicité subliminale n'a pas été abandonnée pour des raisons de principe, mais à cause de l'hostilité d'un public dont on fustigeait la « ringardise ».

Certains trouveront déplacé de dire que la publicité est une forme de propagande. Indépendamment de ses connotations, ce terme est le plus juste pour qualifier la publicité, en tout cas bien plus exact que ceux de communication et d'information. En espagnol, on dit indifféremment *publicidad* ou *propaganda*. Et le code français de la santé publique évoque systématiquement la « publicité ou propagande » (chapitre 2, article L 5122-15). En effet, on retrouve dans le phénomène publicitaire tout ce qui caractérise la propagande : manipulation, désinformation, aveuglement, idéologie confinant à l'idolâtrie religieuse, prise d'influence et même tendance totalitaire.

Publicité et propagande

Dans les écoles de publicité, on apprend qu'une fois l'attention du prospect attirée, il faut : 1. ne pas vouloir trop en dire (« plus le message est complexe, moins il a de

2. Cité par Armand Mattelart, *L'Internationale publicitaire, op. cit.*, p. 181.
3. Bernard Cathelat, *Publicité et société, op. cit.*, p. 72.

chance d'être perçu, compris et retenu ») ; 2. « sans cesse marteler le même message » ; 3. s'inscrire dans « la continuité et la durée » (si les campagnes changent formellement, « en réalité, ce sont toujours les mêmes » : *Reputation is repetition*) ; 4. viser la « cohérence globale » (« s'assurer de l'unité », éviter la diversité) [4]. Ce que résume ce slogan d'Hachette : « On ne vous le répétera jamais assez. » Ajoutons que la publicité se distingue de la réclame par sa tendance à faire fortement appel aux émotions.

Il est frappant de constater que ces virtuoses de la propagande que furent les nazis (avec les communistes) insistaient *exactement* sur les mêmes recommandations. Selon Hitler, pour « attirer l'attention des masses », la propagande doit « se limiter à un petit nombre d'objets et les répéter constamment » ; « aucune diversité ne doit en modifier la teneur ». « Toute réclame, qu'elle s'opère sur le terrain des affaires ou de la politique, porte le succès dans la durée. » Enfin, « son action doit toujours faire appel au sentiment et très peu à la raison ». « Son niveau spirituel doit être situé d'autant plus bas que la masse des hommes à atteindre est plus nombreuse. » Quant à Goebbels, il définissait la propagande comme l'« art de l'argument le plus simpliste dans un langage populaire », l'« art de la répétition constante », l'« art de s'adresser surtout aux instincts, aux émotions, aux sentiments et aux passions populaires », l'« art de présenter les faits avec l'apparence de l'objectivité », l'« art d'occulter les faits désagréables », l'« art de mentir tout en étant crédible [5] ».

Le but de ces rappels n'est pas d'assimiler les publicitaires aux nazis, mais de souligner que les propagandistes, que ce soit dans le domaine politique ou économique, préconisent les mêmes méthodes qui se résument toutes au bourrage de crâne. Certes, le contenu du message est très différent.

---

4. Jacques Lendrevie et Denis Lindon, *Mercator, op. cit.*, p. 449-450.

5. *Cf.* Adolf Hitler, *Mon combat*, Nouvelles Éditions latines, Paris, 1982 (première édition allemande, 1925), chap. 6 ; Willi A. Boelcke (éd.) : « Wollt Ihr den totalen Krieg ? » *Die geheimen Goebbels-Konferenzen 1939-1943*, DTV-Dokumente, München, 1969, p. 18-19.

La publicité, même si elle peut véhiculer des stéréotypes racistes (« Y'a bon Banania »), ne fait appel ni à la peur ni à la haine de l'autre. Par son humour, elle invite plutôt à la gaieté et à l'ouverture sur le monde... du consumérisme transnational. Pour autant, il s'agit de faire en sorte que, à force d'être entendues constamment, les propositions finissent par apparaître « naturelles et incontestables ». Cathelat, qui ne tombe pas dans le « politiquement correct » de ses collègues, a donc raison de définir la publicité comme une « propagande appliquée à la vente » :

> « Les techniques publicitaires ne sont pas impuissantes lorsqu'il s'agit de diffuser des idées. On leur reprochera alors de tomber dans la propagande pure, sans en avoir les convictions ; mais c'est un fait que la publicité commerciale, après avoir emprunté ses schémas d'intervention à la propagande politique ou religieuse, l'a aujourd'hui techniquement surclassée. » (*Publicité et société, op. cit.*, p. 68.)

Si ce baron de la publicité était aussi savant en histoire des totalitarismes qu'en technique de propagande, il aurait pu préciser que l'histoire allemande est exemplaire de cette connexion évidente. Après la guerre, les collaborateurs de Goebbels se reconvertirent naturellement dans la publicité. Et Goebbels s'était lui-même inspiré de la publicité de son époque. En 1932, il annonçait l'emploi, pour la propagande électorale d'Hitler, de « méthodes américaines à l'échelle américaine ». Comme le rappelle l'historien Peter Reichel, il « était devenu un expert en marketing. Il a en particulier utilisé le concept de "Führer" et l'idéal de la "communauté nationale" comme des noms de marque. L'image des "produits" devait alors coïncider avec l'"image des désirs" de ce public d'acheteurs-électeurs [6] ».

Voilà pourquoi Adorno et Horkheimer, philosophes allemands qui virent les propagandistes à l'œuvre dans leur pays avant de devoir le quitter pour s'exiler aux États-Unis,

6. Peter REICHEL, *La Fascination du nazisme*, Odile Jacob, Paris, 1993, p. 148.

y ont dénoncé quelque chose d'analogue à ce qu'ils laissaient derrière eux. Ils comprirent que la publicité « ne sert qu'indirectement à la vente. L'abandon d'une pratique publicitaire courante par une firme particulière signifie une perte de prestige ». Pendant la guerre, ils virent des firmes poursuivre leur campagne pour des produits qu'elles ne pouvaient plus fournir, « uniquement pour faire valoir [leur] puissance industrielle ». Comme la propagande politique, la publicité est une « pure représentation du pouvoir social [7] ».

Mais Cathelat, de son côté, préfère évoquer les deux fiertés des publicitaires, garanties de leur « professionnalisme ». *Primo*, la publicité est une « propagande pure », puisque les publicitaires sont des mercenaires prêts à manger à tous les râteliers. Après avoir organisé les campagnes électorales de l'ultralibérale Thatcher, l'agence Saatchi & Saatchi (géant mondial coté en Bourse depuis 1977) a ainsi réalisé, à la demande de l'ONU, une campagne pour persuader les *boat people* de rentrer chez eux, en leur vantant les avantages de l'enfer communiste qu'ils fuyaient. *Secundo*, la publicité a « techniquement surclassé » la propagande du passé. Fondée sur les sciences humaines, elle a dépassé le stade du bricolage empirique, ce qui la rend plus efficace. Rappelons les grandes étapes théoriques de la publicité, présentées aux apprentis publicitaires comme autant de progrès [8] :

1. la publicité *informative*, c'est-à-dire la réclame, s'adresse au « consommateur rationnel ». Désuète dans ce que le jargon pubeux appelle le *B to C (business to consumer)*, cette conception fondée sur les théories économiques utilitaristes est toujours valable dans le *B to B*. Entre *businessmen* sérieux, pas d'esbroufe !

2. la publicité *mécaniste* cherche à conditionner le « consommateur passif ». S'inspirant du behaviorisme et de la théorie de Pavlov (qui cherchait à établir les liens entre

---

7. Max Horkheimer et Theodor W. Adorno, *La Dialectique de la raison*, Gallimard, Paris, 1974 (première édition : New York, 1944), p. 170-172.

8. On retrouve cette présentation dans la plupart des manuels et ouvrages professionnels. *Cf.* par exemple : Bernard Brochand et Jacques Lendrevie, *Publicitor, op. cit.*, p. 116 *sq.* ; Bernard Cathelat, *Publicité et société, op. cit.*, chap. III.

excitations sensorielles et salivation...), elle repose sur le schéma stimulus-réponse et la répétition obsessionnelle. Un de ses promoteurs voulait « faire pousser des réflexes conditionnés dans le cerveau des acheteurs [9] » ;

3. la publicité *intégrative* donne des modèles à imiter au « consommateur conforme ». Fondée sur des théories sociologiques, elle préconise le *two-step flow*, stratagème en deux temps consistant à viser d'abord les « leaders d'opinion », afin qu'ils transmettent ensuite le message aux « suivistes ». C'est en partie ce qui explique le machisme persistant de la publicité. Comme les femmes demandent souvent conseil aux hommes pour certains achats, ce sont eux qu'il faut persuader en premier ;

4. la publicité *suggestive* s'adresse aux instances irrationnelles de l'ego par le biais de fines méthodes psychologiques. « Le consommateur, quand il achète, agit en général émotivement et par contrainte, réagissant inconsciemment aux images et dessins associés dans son subconscient avec le produit [10]. » Elle se fonde notamment sur les « études de motivation » menées par le psychanalyste Ernst Dichter. Pour lancer Barbie sur le marché, il a joué sur la motivation essentielle des femmes dans la société américaine des années 1950 : trouver un mari. La poupée pin-up aussi coquette que coquine fut subtilement présentée comme un moyen d'éduquer les petites filles à se faire « sexy » pour attirer les hommes. Dichter, qui voulait « fabriquer des esprits [11] », y est sans doute parvenu par le biais de cette icône plastique aux lignes fantasmatiques et au succès fantastique. En France, elle a été vendue à 4,5 millions d'exemplaires en 1993 [12].

---

9. Propos de M. Bideau en 1951, cité par Bernard CATHELAT, *Publicité et société, op. cit.*, p. 113.

10. Cité par Vance PACKARD, *Persuasion clandestine*, Calmann-Lévy, Paris, 1958, p. 11.

11. Ernst DICHTER, *La Stratégie du désir*, Fayard, Paris, 1961.

12. Marie-Françoise HANQUEZ-MAINCENT, *Barbie, poupée totem*, Autrement, Paris, 1998, p. 85.

Bien sûr, la pratique publicitaire conjugue ces théories. Le matraquage (2) reste le principe de base, auquel on adjoint la manipulation des pulsions (4) ou celle des tendances conformistes (3). On préconise aussi de séduire l'inconscient (4) tout en proposant les rationalisations nécessaires (1) pour justifier l'achat irrationnel : « *Priorité doit être donnée à l'inconscient,* quitte à flatter par la suite les instances conscientes pour leur laisser l'illusion de la liberté de choix [13]. » Stratégies ingénieuses et efficaces car, en effet, chacun est à la fois influencé et intimement persuadé de ne pas l'être. À la question de savoir pourquoi les industriels investissent de telles sommes en publicité, on concède alors que « la pub marche sur les autres, les faibles, les influençables ». Et quand on demande leur avis aux « autres », c'est le même son de cloche...

Il faut sortir de cette illusion d'invulnérabilité – si propice à l'influence publicitaire – liée au fait qu'il est difficile d'apprécier soi-même un effet inconscient. L'efficacité des campagnes est testée rigoureusement. Pour éviter des échecs qui ne manquent pas d'arriver, on fait des pré-tests avant de les lancer ; et ensuite, des post-tests pour vérifier que la notoriété de la marque a augmenté, que son image s'est améliorée, que ses ventes ont été dopées. Le pouvoir d'action de la publicité ne se mesure pas sur les individus (il est toujours possible de le contester), mais sur les populations. Son efficacité générale est démontrée de manière irréfutable par les statistiques. Il faut donc nous reconnaître tous manipulables. La double manière dont la publicité trompe – par ce qu'elle dit des marchandises dont elle fait l'éloge démesuré, et surtout par tout ce qu'elle ne nous dit pas d'elles – ne saurait manquer d'avoir des effets.

---

13. Bernard Cathelat, *Publicité et société, op. cit.*, p. 118.

Un contexte d'aveuglement

De manière *directe*, la publicité ment régulièrement sur l'origine et la qualité des marchandises qu'elle nous vante. Que l'on pense à tous ces spots présentant les produits industriels comme issus du terroir. On nous montre le bon vieil artisan, non l'usine dont les produits sortent en réalité. On peut d'ailleurs y voir une sorte d'hommage que l'industrie inhumaine rend en permanence à ce qu'elle a supprimé – cet hommage ayant bien sûr pour fonction d'occulter la réalité industrielle, et de favoriser son développement au détriment de la production à échelle humaine.

Cette désinformation n'a rien d'étonnant. Pour vendre, il est logique d'exagérer la qualité des produits et de falsifier leur origine, si elle est sordide. D'un point de vue juridique, l'hyperbole et le déguisement du produit industriel en produit artisanal sont d'ailleurs autorisés. L'extension dérisoire de la notion de publicité mensongère prouve suffisamment que le bluff est admis dans les règles du jeu.

De manière *indirecte*, la publicité ment en occultant les défauts des marchandises et les conséquences de leur surconsommation, mais surtout en passant sous silence leur histoire effective. Les produits n'y apparaissent pas comme *produits*, résultats d'un processus de fabrication complexe et destructeur. Elle les présente comme des apparitions miraculeuses. Flambant neufs, ils semblent tomber du ciel.

Ce mensonge par omission est systématique, et il est fondamental. Les pubs Nike ne cherchent certes pas à faire croire que les baskets sont fabriquées artisanalement. Mais elles n'en masquent pas moins la réalité, en l'inversant, de conditions de production qui relèvent moins de l'« exploit sportif » que de l'exploitation économique. Et quand on les connaît, on ne peut plus voir ces chaussures sans voir aussi des gamins travaillant douze heures par jour dans quelque obscur atelier d'Asie, pour une bouchée de pain. Ces propos de Baudoin de Bodinat remettent la réalité en place :

« Voyez aussi dans l'hémisphère austral s'amalgamer en bas-fonds énormes une humanité carencée, brève, obscure, violente et qui ne laissera pas de traces. Si l'on veut savoir ce que sont les publicités à la télévision, *en réalité*, il suffit de les imaginer dans l'un de ces taudis avec les rats et les dermatoses. » (*La Vie sur terre. Réflexions sur le peu d'avenir que contient le temps où nous sommes*, tome 1, Éditions de l'Encyclopédie des nuisances, Paris, 1996, p. 85.)

Autant les juristes peuvent estimer que l'exagération est tolérable dans la mesure où les consommateurs ne sont pas tous naïfs au point de prendre au pied de la lettre les hyperboles publicitaires, autant les militants qui informent les jeunes sur les réalités macabres de leurs marques favorites savent que ces derniers tombent des nues, et refusent même parfois de les croire ! Tout simplement parce que les seules « informations » qu'ils ont sur Nike, ce sont ses pubs. Fascinés par l'image du « dépassement de soi » qu'elles véhiculent, ils ne sont pas conscients de participer à l'écrasement d'autres enfants.

La publicité est la vitrine où les marchandises se donnent en spectacle, mais elle omet systématiquement de nous montrer leurs coulisses industrielles. Si les publicitaires nous informaient *vraiment* sur l'histoire des produits qu'ils nous vantent à tue-tête, alors nous verrions leurs affiches se couvrir de sueur et parfois même de sang, nous entendrions le fracas des usines, les soupirs de ceux qui y sont exploités, nous sentirions l'odeur âcre des nuages de fumée qui s'en échappent, et celle des véhicules qui en assurent la distribution mondiale. Voilà qui risquerait de freiner la boulimie consumériste, et les publicitaires le savent bien. Leur rôle est donc d'occulter l'horreur productiviste derrière le confort consumériste. C'est ce qui est enseigné aux apprentis pubards :

« Quel que soit le produit que vous devez faire valoir, n'allez jamais voir l'endroit où il est fabriqué... Ne regardez jamais travailler les gens, parce que, voyez-vous, quand vous connaissez la vérité de quoi que ce soit, la vérité réelle et profonde, il devient très difficile de composer la prose légère et superficielle qui va faire vendre cette chose-là [14]. »

Pour mieux aveugler les consommateurs, l'idéal est de fermer les yeux. La publicité, disent ses amateurs, « distrait ». C'est vrai, mais au sens profond du terme qui n'a rien d'amusant : *détourner notre attention* du désastreux processus de production. Il s'agit d'empêcher de voir ce qui est susceptible de retenir l'achat, d'inciter au boycott et à la critique, en braquant tous les projecteurs sur le produit pimpant. C'est donc justement parce qu'elle est distrayante que la publicité doit être dénoncée, en tant que cette distraction n'est qu'un aveuglement. Et ceci fait partie de son essence :

> « La pub par définition est optimiste... Elle montre des personnages heureux, en bonne santé, sympathiques et intelligents, qui vivent dans un paradis de la consommation [...] où tous les rêves sont permis et possibles, même celui de l'éternelle jeunesse [15]. »

Cette citation est éloquente par tout ce qu'elle dit sur la déformation de la réalité par la publicité, et en même temps par tout ce qu'elle ne dit pas sur ses effets réels : qu'en montrant tous ces « personnages heureux », elle impose des idéaux inaccessibles qui torturent les gens ; que la consommation est peut-être un « paradis » pour une minorité inconsciente, mais que cette dernière transforme le monde en un enfer ; qu'en faisant rêver aujourd'hui elle planifie le cauchemar de demain ; qu'elle favorise un développement industriel qui sape la « bonne santé » ; et que, en véhiculant le mythe de l'« éternelle jeunesse », elle transforme les mamies en momies liftées et siliconées.

---

14. Propos de Helen Woodwart, publicitaire influente des années 1920, cité par Stuart Ewen, *Consciences sous influence, op. cit.*, p. 88.

15. Propos de Bernard Brochand, *in* Bernard Cathelat, *Publicité et société, op. cit.*, p. 15.

Mythologie publicitaire et idolâtrie des marques

On voit à quel point le système publicitaire est générateur de funestes illusions. Un discours économiste diffus, malheureusement repris sans recul critique par des groupes « contestataires » s'inspirant des idées de Toni Negri, prétend ainsi que nous serions entrés dans une nouvelle « économie immatérielle » – comme si on ne produisait plus de choses, mais seulement des « connaissances », de l'« information », des « concepts » ou des « services ». En réalité, même si de nouvelles tendances sont à l'œuvre, la production matérielle ne cesse de croître. Les panoplies se multiplient et le rythme de renouvellement des objets s'accélère. Les technologies de l'information exigent d'immenses infrastructures dont nous ne prenons guère conscience. Les services passent par une informatique dévoreuse de matières premières : pour fabriquer un seul ordinateur, il en faut 1,8 tonne. Et plus ces derniers sont légers et miniaturisés, plus il faut de ressources, notamment énergétiques, pour les produire [16].

Ce mythe de la sortie de l'économie matérielle ne pourrait avoir la moindre plausibilité si la propagande industrielle ne déréalisait pas systématiquement les produits – chose d'autant plus facile aujourd'hui que le processus matériel de production a été partiellement délocalisé dans le tiers monde où la main-d'œuvre est corvéable à merci. Comme le remarquait Barthes, « le mythe est constitué par la déperdition de la qualité historique des choses : les choses perdent en lui le souvenir de leur fabrication [17] ». La publicité mystifie les consciences en mythifiant les marchandises pour leur donner une aura sans laquelle elles apparaîtraient telles quelles, ternes et industrielles. Il faut travailler l'image : « Le produit est secondaire. Ce qui revêt de l'importance [...], c'est la signification symbolique du produit, les valeurs qui

---

16. Ruediger KUEHR et Eric WILLIAMS (éds), *Computers and the Environment: Understanding and Managing their Impacts*, Kluwer Academic Publications, United Nations University, Dordrecht (Pays-Bas), 2003.

17. Roland BARTHES, *Mythologies*, Le Seuil, Paris, 1957, p. 216.

s'y trouvent artificiellement rattachées [18]. » L'artifice publicitaire consiste à transformer la marchandise en icône mystique, et son achat en acte magique d'identification aux valeurs ainsi incorporées.

Le fétichisme de la marchandise atteint son point culminant dans l'idolâtrie des marques. À l'origine simples *estampilles* permettant d'authentifier un producteur, les marques sont devenues des *idoles* auxquelles le commun des mortels voue un culte pour ce qu'elles sont censées représenter : des idéaux. Leurs produits deviennent des *fétiches*, des choses certes factices, mais qui incarnent quelque chose de plus, quelque chose de sacré. C'est pourquoi ils font l'objet d'une fascination sans borne que rien ne peut entamer, pas même les révélations courantes sur le fait que les marchandises sans marque sont souvent produites à l'identique par les marques elles-mêmes. Le fidèle continuera à payer plus cher son fétiche, croyant par là consommer du haut de gamme alors qu'il n'achète que des paillettes publicitaires qui représentent en moyenne 15 % du prix des produits, et plus de 50 % de celui de certaines marchandises-vedettes. Ce que le consommateur-idolâtre consomme, ce sont les mythes que ses idoles véhiculent.

Porteuse d'un ersatz de sens, la marque fonctionne comme un *totem* autour duquel une tribu se réunit, y trouvant un ersatz de lien. Par exemple, les surfeurs communient dans la consommation de marques leur permettant de se reconnaître entre eux. Bien sûr, tout cela a été organisé de haut par les promoteurs du « marketing clanique ». Il s'agit de récupérer « les codes et les rites, le langage et le look, les valeurs et les aspirations d'une tribu déjà existante : un marketing de captation d'une identité ». La marque propose alors « au surconsommateur de devenir un fidèle, un apôtre prosélyte », et la publicité doit « soulever une véritable adhésion à un mythe partagé, refondateur d'un sentiment d'identité collective [19] ».

---

18. Bernard CATHELAT, *Publicité et société, op. cit.*, p. 157.
19. Bernard CATHELAT *et al.*, *Le Retour des clans*, Denoël, Paris, 1997, p. 76-78.

Nike constitue le meilleur exemple de cette stratégie de *branding*. Abandonnant la guerre des prix, Nike s'est lancé dans la guerre de l'« image de marque », arnaque source d'immenses profits. Les modernes Pieds-Nike-Laids ont ainsi étendu leur clientèle tout en faisant grimper les prix, vendant entre 100 et 180 dollars les baskets qu'ils font produire pour 5 dollars. L'adoration dont cette marque fait l'objet est stupéfiante. Aux États-Unis, son logo est devenu un des motifs préférés que les jeunes se font tatouer. La marque (en anglais, *brand*) rejoint ainsi son sens d'origine : le brandon qui servait à marquer au fer rouge le bétail pour en signaler le propriétaire.

Et si ses adeptes se sentent *personnellement* agressés par ceux qui pensent qu'il faut « niquer Nike », c'est que cela équivaut à profaner leur Dieu et à mettre en cause leur identité. Les marques sont devenues des vecteurs d'identification : « Acheter un produit est acheter une identité autant et plus sans doute qu'une utilité [20]. » La consommation tend à devenir le lieu où les individus deviennent sujets selon le principe : *je consomme, donc je suis*, et sa particularisation : *dis-moi ce que tu achètes, je te dirai qui tu es*. Bien sûr, une telle identité est complètement aliénée au lieu d'être l'expression d'une personnalité autonome. Et comme elle dépend de la possession des marchandises griffées, on comprend que, dans les ghettos, certains en viennent au racket pour se procurer les bonnes baskets – le prestige qu'elles confèrent permettant de compenser le mépris social dont ils souffrent.

Ce ressort avait contribué à pousser les masses vers le fascisme : l'uniforme procurait un sentiment de puissance et d'importance à des hommes frappés de plein fouet par la crise, économique et identitaire, de l'entre-deux-guerres. Ce mécanisme psychologique est encore à l'œuvre aujourd'hui, expliquant que les amateurs d'uniformes de marque se transforment gratuitement (en fait, ils paient même !) en hommes-sandwichs, ces pauvres diables qui étaient payés,

---

20. Bernard CATHELAT, *Publicité et société, op. cit.*, p. 37.

dans les villes du début du XXe siècle, pour errer affublés de pancartes. Comme le dit un *marketer* : « Nous voulons créer des panneaux-réclame ambulants [21]. » Le succès est total. Les « branchés » se sont laissé asservir avec enthousiasme.

Pouvoir publicitaire et tendance totalitaire

Si cet asservissement est volontaire, c'est parce que le pouvoir publicitaire est particulièrement insidieux. Impersonnel et doux, il est d'autant plus efficace qu'il est imperceptible ou presque. Bien qu'il soit revendiqué par ceux qui l'exercent, il est en général dénié par ceux qui le subissent, peut-être par honte de se reconnaître influençables, plutôt à cause d'une conception simpliste du pouvoir qui ne l'envisage que sous la forme de la violence policière. Or, exercer un pouvoir, c'est agir sur autrui. Et pour pousser quelqu'un à faire quelque chose, l'éventail des moyens est large et ne se réduit pas à la force.

Le pouvoir publicitaire ne passe pas par la loi et l'interdit, mais par le modèle et l'incitation. Il ne s'apparente pas à celui du caporal et à ses ordres brutaux, mais plutôt à celui du chant suave des sirènes auxquelles Ulysse ne parvient à résister qu'en s'enchaînant au mât de son navire. Il n'exerce pas une répression, mais une séduction, « pouvoir plus subtil, plus incernable » comme le précisent nos experts en technique psychosociale [22]. Il est à l'image de la tyrannie de la majorité qui « laisse le corps libre et va droit à l'âme [23] ». Il ne menace pas de violence physique, mais de marginalisation, et intimide ainsi les éventuels dissidents. C'est Big Brother, sous l'aspect non seulement de l'inquisiteur qui surveille, mais aussi du grand frère qui donne l'exemple.

Influencer quelqu'un, c'est lui faire faire quelque chose tout en faisant en sorte qu'il ait l'impression de le faire spon-

---

21. Propos cité par Naomi KLEIN, *No Logo, op. cit.*, p. 87.
22. Claude BONNANGE et Chantal THOMAS, *Don Juan ou Pavlov, op. cit.*, p. 55.
23. Alexis DE TOCQUEVILLE, *De la démocratie en Amérique*, vol. 1, Flammarion, Paris, 1981 (première édition : 1835), p. 354.

tanément. C'est le type de pouvoir auquel une organisation peut recourir quand elle a « besoin d'obtenir certains comportements de la part de certains publics sur lesquels elle n'a pas de pouvoir "autoritaire"». La stratégie est la suivante : « Transmettre des messages à [des] publics, en vue de modifier leurs *comportements mentaux* (motivations, connaissances, images, attitudes, etc.) et, par voie de conséquence, leurs *comportements effectifs* [24]. » La publicité agit sur nos conduites en manipulant *en amont* les facteurs psychiques qui les déterminent.

Cette mise au pas est d'autant moins sensible qu'elle se passe de toute contrainte physique par des individus identifiables. La normalisation publicitaire utilise des dispositifs impersonnels pour « agir sur le plus grand nombre d'individus possible et ceci à distance, sans intervention directe du vendeur [25] ». La publicité veut téléguider, et les publicitaires ne sont que des *télé-VRP de masse*. Ils utilisent les mêmes techniques que les démarcheurs, comme celle dite du « pied dans la porte » : ôter de force au prospect la possibilité d'échapper au baratin mercantile en le submergeant d'un flot d'images et de slogans qui finissent par le subjuguer.

Dans le cas des enfants, l'influence confine au formatage. Si des firmes comme McDonald's en font leurs premières cibles, quand bien même ils ne constituent qu'une petite partie de leur clientèle, c'est parce qu'ils sont particulièrement malléables, ne faisant pas la différence entre les spots publicitaires et le reste des programmes avant d'avoir entre huit et onze ans. En s'y attaquant tôt, les firmes cherchent à en faire des *customers for life*. En outre, comme les enfants influencent, de manière directe ou non, 43 % des achats des parents, il s'agit de les utiliser comme « prescripteurs [26] ».

Mais, même dans le cas du formatage infantile, il serait faux de croire que le pouvoir publicitaire annule notre

---

24. Denis LINDON, *Le Marketing, op. cit.*, p. 6 et p. 141.
25. Bernard CATHELAT, *Publicité et société, op. cit.*, p. 50.
26. *Cf.* Monique DAGNAUD, *Enfants, consommation et publicité télévisée*, La Documentation française, Paris, 2003.

liberté. Le problème, c'est qu'il lui assigne un champ *unique*, la consommation. En cela, il se révèle totalitaire en un sens qui n'a rien à voir avec les totalitarismes *violents*. Il est totalitaire en ce qu'il détourne, en en inversant le sens, *toutes* les valeurs et *tous* les imaginaires vers le consumérisme. Ainsi, l'artisanat fait vendre des marchandises industrielles, l'écologie fait vendre de la pollution, le naturel de l'artifice, le sport de l'obésité, la liberté de la dépendance (en présentant la cigarette comme la « torche de la liberté »). Comme le disent nos *spin doctors*, la publicité « n'a pas d'autre mission que d'être le costume qui habille le produit, l'institution ou l'idée à la mode de son lieu et de son temps [27] ». C'est la stratégie du caméléon. On vend les mêmes voitures en insistant : sur leur robustesse en Allemagne, sur leur puissance en Italie, sur leur luxe en France et même sur la protection de l'environnement en Scandinavie. La diversité des sensibilités est récupérée pour vendre de l'uniformité.

Un sémiologue et professeur de marketing, qu'on ne pourra donc pas accuser de tenir des discours outranciers contre le système marchand, précise en quel sens il ne faut plus hésiter à parler du « fascisme des marques ». Le système publicitaire qu'elles mettent en place recourt à des stratégies hors médias (produits dérivés, distributeurs automatiques, marketing relationnel, etc.) fondées sur l'immédiateté et l'ubiquité, ainsi que sur un « amaigrissement du discours » (dire une seule chose très fort par les logos et les slogans) qui « englobe tout argument et son contraire ». Ainsi, elles finissent par phagocyter l'« espace psychologique, émotionnel et social des individus » en imposant un « véritable programme politique » reposant sur la sacralisation de la marchandise. Il y a fascisme, car « ce système est fondé sur des procédés tels que l'héroïsation du consommateur, la destructuration du langage, l'élimination de toute idée de dialectique, l'illusion permanente de l'abondance et du choix, et le sentiment d'appartenance à une communauté [28] ».

---

27. Bernard Cathelat, *Publicité et société, op. cit.*, p. 234.
28. Benoît Heilbrunn, « Du fascisme des marques », *Le Monde*, 24 avril 2004.

Le système publicitaire procède à une réduction idéologique de la vie à une seule dimension en faisant en sorte qu'on ne puisse plus s'en extraire. Il est d'autant plus totalitaire qu'il absorbe même ce qui le dénonce. Comme le dit Paul Ariès, « la publicité a tué l'esprit de révolte après avoir asséché l'imaginaire [29] ». Elle a rendu la rébellion rentable : en proposant à la jeunesse d'en consommer le simulacre marchand, elle l'a intégrée au système. La récupération chronique de l'effigie du Che est caricaturale. Guevara est utilisé pour vendre des sodas aux États-Unis, du tabac en Allemagne et même des comptes en banque au Luxembourg ! Sans surprise, les publicitaires se sont précipités sur l'esthétique du graffiti et les formules des « antipubs ».

Aidé d'une multitude d'acteurs : les publicitaires, l'État, certains médias et médecins, les banques aussi (qui par les crédits à la consommation ont définitivement asservi 12 millions de foyers français), le système industriel est en passe de réaliser la prophétie de Tocqueville. En 1840, il avait compris ce qui menaçait les nations démocratiques : un « despotisme doux » qui ne serait pas une tyrannie, mais une mise sous tutelle des populations, cherchant à les « fixer irrévocablement dans l'enfance ». Il imaginait un pouvoir qui aime voir les citoyens se réjouir, « pourvu qu'ils ne songent qu'à se réjouir », qui « ne brise pas les volontés », mais « les amollit, les plie et les dirige [30] ». Aujourd'hui, le système marchand nous assiste effectivement dans les moindres actes de nos vies. Sa prétendue bienveillance n'a d'égale que la surveillance générale qu'il exerce sur la société afin d'en « anticiper les besoins ». Nous ôtera-t-il le « trouble de penser et la peine de vivre ? »

C'est aussi ce que craignait Huxley et, effectivement, le monde consumériste n'est-il pas le meilleur des mondes, le totalitarisme parfait qui a réussi à nous faire aimer ce à quoi il ne fallait pas que nous puissions échapper ?

---

29. Paul Ariès, *Putain de ta marque ! La pub contre l'esprit de révolte*, Golias, Villeurbanne, 2003, p. 10.

30. Alexis de Tocqueville, *De la démocratie en Amérique*, vol. 2, Garnier-Flammarion, Paris, 1981, p. 385-386.

6

Les liaisons dangereuses

L'histoire enseigne que ce qui peut briser certaines chaînes forge souvent de nouvelles servitudes. Alors que l'industrie aurait pu nous décharger des travaux les plus pénibles, elle nous a asservis à un labeur sans répit. La publicité a joué un rôle moteur dans ce renversement. En nous inoculant d'incessantes envies de consommer, elle nous a transformés en serviteurs de la machine censée être à notre service. Mais en même temps, elle n'a fait que révéler, en les aggravant, les dangers inhérents à ce mode de production.

La propagande industrielle ne pouvait se restreindre aux marchandises classiques et respecter l'indépendance de ces trois sphères centrales et vitales, symboles de ce que la modernité aurait dû avoir de positif : le journalisme, la démocratie et la médecine. En achevant de les mettre au service de l'accumulation du capital, il n'est pas étonnant qu'elle en pervertisse dangereusement les logiques. Sous son emprise, les médias deviennent des machines à faire dépenser au lieu de diffuser la libre-pensée. En passant au stade de la com', elle dépolitise la politique et vide la démocratie de sa substance. En s'emparant de la pharmacopée, elle transforme la médecine en système pathogène. Mais la publicité ne pourrait accomplir son habituel travail de sape si ces institutions étaient sans failles. En fait, elle catalyse les insuffisances dont souffrent les domaines qu'elle investit si facilement.

L'illusoire indépendance des médias

Avant le milieu du XIXe siècle, les journaux étaient financés par leurs lecteurs et leurs rédacteurs. Il ne s'agissait pas de faire du profit, mais de se constituer en contre-pouvoir face à l'omnipotence monarchique. En 1836, Émile de Girardin inaugure la pratique fondatrice de la presse de masse moderne. Il introduit des annonces payantes à la fin de son journal afin d'en diminuer le prix de vente, donc de toucher un lectorat plus large, donc d'attirer plus de réclame et ainsi de suite. Cette pratique s'est généralisée, et aujourd'hui la plupart des journaux dépendent à 50 % de la publicité, certains en vivent exclusivement, comme ces journaux « gratuits » dont la seule fonction est de la diffuser auprès d'un public élargi.

Bien sûr, les pubards se félicitent de cette « association à but lucratif » dans laquelle la publicité est le « partenaire dominant », « imposant son langage » et « parasitant [1] » l'espace des journaux réduits au rôle de support publicitaire. La symbiose est encore plus poussée dans les magazines, ces magasins virtuels qui permettent de faire du lèche-vitrine tout en restant assis. Elle est extrême dans les *Consumer magazines* (de la SNCF, d'Air France, etc.) et devient caricaturale avec les « magalogues », expression de Naomi Klein qui contracte *magazine* et *catalogue* pour parler des « fanzines » par lesquels les grandes marques américaines vendent leurs « styles de vie » à leurs « fans [2] ». En 2004, Leroy Merlin sort le sien, *Du côté de chez vous*, en coordination avec le programme court du même nom sur TF1. C'est l'apothéose d'une synergie industrie/télévision/presse particulièrement dangereuse en ce qui concerne l'information.

La convergence entre la « pub » et l'« info » s'est faite selon un double mouvement. D'un côté, les publicitaires entretiennent la confusion des genres en imitant le style et la présentation des articles des journalistes. Pour lutter contre

1. Bernard CATHELAT, *Publicité et société, op. cit.*, p. 73.
2. Naomi KLEIN, *No Logo, op. cit.*, p. 83.

cette publicité clandestine (strict équivalent de la propagande noire qui opère en falsifiant les sources), la loi a imposé que les pubs soient mentionnées comme telles. Elles continuent néanmoins à se camoufler sous la forme de « publidossiers », de « suppléments cadeaux », de « tables rondes », etc.

Mais si la pub singe l'info, l'info le lui rend bien. De prétendus « journalistes » acceptent des pots-de-vin pour multiplier dans leurs articles les références aux marques qui veulent accroître leur notoriété. D'autres pratiquent le « publireportage » ou le « journalisme promotionnel » – termes hybrides obscurcissant la frontière entre surfaces promotionnelles et rédactionnelles. Le journalisme devenant un *business* comme un autre, certaines rédactions font appel à des conseillers marketing pour déterminer les attentes des « consommateurs d'info ». Immanquablement, la politique est considérée comme moins porteuse que les « enquêtes conso » et autres « sujets de société » transversaux. On entre dans l'ère de l'*infotainment* : l'info doit divertir (*entertainment* en anglais) plus qu'instruire.

Ces tendances sont particulièrement fortes à la télévision. Par l'intermédiaire des régies publicitaires, les annonceurs organisent, au moins en partie, la grille des programmes. Plus une émission sera regardée, plus elle attirera de pubs et donc d'argent – les émissions moins racoleuses étant rejetées à des horaires impossibles. Ils influencent aussi le contenu, en refusant que leurs spots soient situés au voisinage d'émissions suscitant des émotions négatives, redoutant que ces dernières ne déteignent sur les produits. Quant à la presse, ils lui imposent que les annonces ne soient pas insérées dans des contextes contenant des critiques de la marque ou de ce qui lui est associé : son pays d'origine, celui où elle produit, etc. La publicité conforte ainsi le monopole factuel qu'elle tend à avoir sur l'« information » quant aux produits.

Ce qui est en cause ici, ce sont les régies (courroies de transmission entre patrons et rédactions) et, plus encore, les centrales d'achat d'espaces publicitaires. Conseillères en « plans-médias » (qui déterminent les supports appropriés pour toucher la cible visée, et organisent le bombardement), elles peuvent influencer et racketter les rédactions en les menaçant de leur couper les vivres. Leur pouvoir de pression est d'autant plus puissant que ce secteur est extrêmement concentré : cinq centrales ont la « maîtrise des quatre cinquièmes du volume total [3] ». La diversité des annonceurs, censée garantir la liberté de la presse, étant en fait secondaire et illusoire, l'argument classique en faveur de la publicité doit être remis en question.

Fiers d'être financés parce que leur mission de journalistes est d'analyser et de critiquer en toute autonomie, certains revendiquent le lien qui les attache aux grandes entreprises. « La publicité, claironne le directeur du *Monde*, est garante de l'indépendance du journal. » Précisons : vis-à-vis des pouvoirs politiques. Mais ce financement entraîne une autre dépendance, à l'égard des puissances économiques cette fois. Et s'il paraît logique, dans le cadre d'un journal financé par l'État, que le journaliste ne morde pas la main de celui qui le nourrit, pourquoi en irait-il autrement lorsque cette main devient celle du capital ?

Il y a une cinquantaine d'années, le fondateur du *Monde* déclarait quant à lui : « Il me semble dangereux que la vie du journal soit assurée dans une proportion trop large par la publicité, car cela le met à la merci d'un chantage [4]. » Le financement par le seul lectorat est en fait *l'unique garantie d'une complète indépendance rédactionnelle.* C'est pourquoi *Le Canard enchaîné* refuse la manne publicitaire. Sans surprise, il est le seul journal qui renseigne le public sur l'influence nocive de celle-ci dans les médias.

La journaliste Florence Amalou explique comment la publicité est utilisée comme moyen de pression, voire de répression, par les annonceurs désireux d'influencer une ligne éditoriale : représailles publicitaires (campagnes décommandées à la suite d'articles trop critiques), boycott des nouveaux titres s'écartant de la « pensée unique » au service du

3. Éric VERNETTE, *La Publicité..., op. cit.*, p. 74.
4. Cette citation et la précédente sont tirées de Pierre PÉAN et Philippe COHEN, *La Face cachée du* Monde, Mille et une Nuits, Paris, 2003.

patronat, journalistes licenciés ou mis au placard par les régies publicitaires, « lissage » et amputation de leurs articles qui peuvent aussi être ajournés ou carrément passer à la trappe. D'autres techniques sont plus douces et plus sournoises : rappels à l'ordre amicaux, intimidations, connivences, relations privilégiées avec les patrons. À côté du bâton, ceux qui veulent se créer un « terrain médiatique favorable » savent aussi agiter la carotte de l'« arrosage publicitaire ». Intériorisées, ces pressions aboutissent à une autocensure que les journalistes ne nient pas [5].

Bien sûr, ces pratiques ne sont possibles que de la part des gros annonceurs, et mettent profondément en cause la fiabilité de l'information les concernant. Et plus la presse est en position de fragilité budgétaire, plus la publicité permet d'acheter son silence et sa complaisance. Le comble étant que plus un annonceur en fait, plus les rédactions lui accordent un traitement de faveur. Ainsi, Jean-Marie Messier, ancien monarque de Vivendi Universal, a été servilement courtisé par les médias au point culminant de sa courte carrière. Premières pages, interviews du « grand homme d'avenir », portraits élogieux se sont multipliés au moment où il était l'un des premiers annonceurs de France.

La dépendance de la plupart des journaux à l'égard des annonceurs est d'autant plus problématique que ce sont les marques, et non les politiciens, qui sont aujourd'hui juridiquement intouchables. Surtout, les grandes entreprises sont de nos jours les puissances *politiques* les plus nuisibles, en ce sens que ce sont elles qui *transforment le monde*. Les décisions qui modifient ou risquent de modifier en profondeur la vie quotidienne (OGM, nanotechnologies, flexibilité, etc.) ne sont pas prises au sein des assemblées nationales, mais en amont, dans les conseils d'administration et dans les laboratoires technoscientifiques – les instances politiques traditionnelles se chargeant tout au plus de faire passer la pilule.

Bien entendu, il y a de grandes différences entre les médias, et donc divers degrés dans leur vassalisation. Mais

5. Florence Amalou, *Le Livre noir de la pub, op. cit.*, chap. 2.

gardons-nous de croire que la publicité vient les pervertir *de l'extérieur*. L'imbrication est complète : les médias ont besoin de la manne publicitaire, et la publicité a besoin du canal médiatique pour s'adresser aux masses. Surtout, il y a une profonde analogie dans leur manière, problématique comme telle, de transmettre leurs messages à des masses de récepteurs *anonymes et atomisés*. Car plus nous sommes connectés aux médias de manière verticale et impersonnelle, moins nous sommes reliés entre nous de manière horizontale et personnelle. Et cette atomisation accroît notre dépendance et notre vulnérabilité à l'égard de médias de masse qui sont en fait à double tranchant : plus ils sont de formidables moyens d'information « démocratique » (accessibles à une large audience), plus ils favorisent aussi la concentration oligarchique de la parole publique, conférant un immense pouvoir de désinformation à ceux qui les détiennent. Offrant « du pain et des jeux », les empires médiatico-industriels menacent la démocratie – la situation de l'Italie berlusconienne ne faisant que manifester de manière particulièrement aiguë la norme qui règne partout.

Le ver était dans le fruit. Si la pub dévoie l'info, il faut aussi comprendre, comme nous y invite Christopher Lasch, les insuffisances de l'info elle-même :

> « Ce que demande la démocratie, c'est un débat public vigoureux, et non de l'information. Bien sûr, elle a également besoin d'information, mais le type d'information dont elle a besoin ne peut être produit que par le débat. Nous ne savons pas quelles choses nous avons besoin de savoir tant que nous n'avons pas posé les bonnes questions [...]. Quand nous nous engageons dans des discussions qui captivent entièrement notre attention en la focalisant, nous nous transformons en chercheurs avides d'information pertinente. Sinon, nous absorbons passivement l'information – si tant est que nous l'absorbions [6]. »

---

6. Christopher LASCH, *La Révolte des élites*, Climats, Castelnau-le Lez, p. 168-169

La com' à l'assaut de la démocratie

Nous en arrivons à la question politique et, ici encore, la publicité fait des percées. La distinction qui, malgré l'identité de leurs méthodes, subsistait entre publicité et propagande s'est estompée. Deux choses les différenciaient : *primo,* leur domaine d'application (commerce/politique), et *secundo,* le fait que la publicité constituait une profession autonome (les entreprises confiant leur publicité à des agences extérieures), alors que la propagande était assurée par les politiciens et les militants eux-mêmes. À présent, les publicitaires font du « marketing politique » ou « électoral », et prennent en charge la propagande des partis. Le brouillage des catégories est tel que les messages de propagande politique insérés à titre payant sont parfois précédés de la mention *publicité,* alors que ceux de propagande commerciale le sont de celle *communiqué,* normalement réservée aux institutions publiques [7].

Dans les années 1980, les publicitaires se félicitaient de voir que « la politique est entrée en publicité et *vice versa* ». Les perspectives d'enrichissement de la vie civique sont exaltantes : « Dans une société fondée sur la consommation de masse quasi obligatoire, tout se vend, et le plus souvent pour des raisons fort éloignées de ses qualités propres : l'homme politique et la savonnette... » Pour nos camelots de la démocratie frelatée, « l'acte électoral est un acte de consommation comme un autre [8] ».

Cette perspective de voir la politique passer du domaine de la conviction à celui de la séduction n'enchante guère les citoyens, et diverses lois sont finalement votées. La publicité politique a été interdite de télévision, de radio, puis d'affichage en 1990. Sur le coup, la « communication » se substitue à la publicité, trop tapageuse. On voit la roublardise :

---

7. Guy Durandin, *Les Mensonges en propagande et en publicité,* PUF, Paris, 1982, p. 12-13, 36 et 165.

8. Bernard Brochand, puis Bernard Cathelat, *Publicité et société, op. cit.,* p. 20 et 66 ; et Jacques Séguéla, *Le Vertige des urnes,* Flammarion, Paris, 2000, p. 12.

« communiquer » sonne moins unilatéral. En fait, c'est plus insidieux. Comme l'explique un « communicant », « le conseil en communication ne s'exprime pas obligatoirement sous une forme publicitaire et n'est pas forcément voyant [9] ». La com' se veut discrète, mais il s'agit toujours d'« influencer les attitudes et les comportements des différents publics [10] ». J.-P. Raffarin, ancien pubard devenu Premier ministre, incarne cette conviction : « La communication publicitaire est devenue pour beaucoup la solution à tous les graves problèmes de société [11]. » Tout se réglera à coups de com', moyen de « gérer » les conflits sociaux, de « manager » l'opinion publique. Gouverner, c'est paraître.

Ainsi, les conseillers en com' vont s'inspirer de techniques efficaces dans le commerce. Ils concoctent des « réunions Tupperware » pour entraîner les politiciens, en petits groupes, à la démagogie du sourire-sur-mesure. On recourt au télémarketing pour discuter le bout de gras avec le citoyen, ainsi qu'au publipostage. Et si les politiciens sont interdits entre les jingles publicitaires des chaînes de télévision et de radio, ils n'ont pas abandonné tout espoir de s'y glisser. Le rôle de communicant prend toute son ampleur : négocier des interventions dans des émissions calculées d'avance pour que le message passe. Le temps de parole étant réduit, il faut le rentabiliser. On applique alors les règles publicitaires. Pour « vendre une idée », il faut : 1. exprimer une promesse et une seule – 2. être adapté à la cible – 3. simple – 4. crédible – 5. durable, déclinable – 6. opportuniste. On comprend que les campagnes ne s'axent que sur peu de sujets, et que le discours se réduise au slogan.

Sous la pression de l'Audimat, les émissions politiques se font plus rares. Les communicants doivent alors faire passer leurs clients dans d'autres émissions, notamment de diver-

---

9. Propos cités par Florence AMALOU, *Le Livre noir de la pub*, *op. cit.*, p. 226.

10. Jacques LENDREVIE et Denis LINDON, *Mercator*, *op. cit.*, p. 241.

11. Propos de Bernard Brochand, préface à Bernard CATHELAT, *Publicité et société*, *op. cit.*, p. 20.

tissement. Rien n'est exclu pour faire parler de soi, améliorer son « image » et la greffer dans la tête des auditeurs. De toute façon, depuis que les partis de gouvernement standardisent leur programmes pour s'emparer du « centre », tout se joue en termes de « personnalité » des candidats, équivalent de l'« image de marque ». On ne parle pas de politique, mais de sa femme, de ses enfants, de ses hobbies.

Cette dégradation de la vie politique atteint des sommets dans certains pays dominés par des juntes violentes qui recourent abondamment aux services des agences de « relations publiques » occidentales, soit pour peaufiner leur « communication » intérieure ou extérieure, soit pour choisir le pantin qui aura le plus de chance de « séduire » les masses locales. Le Guatemala en a fait les frais : le fondateur de l'industrie des *public relations* a mobilisé l'opinion américaine pour préparer le renversement, par les élites locales et la CIA, de son président démocrate qui avait osé lancer une réforme agraire dans cette république bananière de l'United Fruit [12].

La très spectaculaire guerre du Golfe a porté au comble ces manipulations de masse. Une agence de *public relations* organise le faux témoignage d'une infirmière racontant au Congrès américain comment elle aurait vu des soldats irakiens tuer des nourrissons. Intense émotion du public, définitivement convaincu qu'il faut partir en guerre. Les communicants de Bush appliquent le *novlangue*. Parler de « frappes chirurgicales » rend les bombardements plus « acceptables » alors qu'ils ne sont pas beaucoup moins meurtriers. Subtiles stratégies de marketing politique pour vendre la guerre à des opinions publiques réticentes.

Bien que les médias aient par la suite reconnu s'être laissé transformer en haut-parleurs des officines propagandistes alliées, les opérations d'intox se sont multipliées. Afin de justifier l'intervention de l'OTAN, des agences de relations publiques se sont échinées à « faire coïncider Serbes et

---

12. *Cf.* Armand MATTELART, *L'Internationale publicitaire*, *op. cit.*, p. 53.

nazis [13] », contribuant ainsi aux campagnes de désinformation sur l'existence d'un génocide au Kosovo. Les médias, les intellectuels et les opinions publiques se sont laissé berner. Le Tribunal pénal international n'a ensuite trouvé que 2 108 cadavres et aucun charnier ; le fameux « plan Fer à cheval » serait une invention des services secrets occidentaux ; le crapuleux Milosevic n'est plus poursuivi que pour crimes de guerre [14].

L'Office of Global Communication américano-britannique a bien fait son travail lors de la seconde guerre d'Irak. Si les bobards sur les armes de destruction massive n'ont guère pris en Europe, le bluff du déboulonnage de la statue de Saddam (organisé à l'avance *par* la coalition et *pour* les médias) a quand même eu un effet instantané de justification de la guerre, en récupérant le potentiel émotionnel des images de la chute du communisme.

La première chose à se réapproprier, c'est le sens des mots. Les gouvernements ont toujours fait de la propagande. En France, avant la Seconde Guerre mondiale, il y avait un ministère de ce nom. Le terme étant ensuite, et pour cause, devenu péjoratif, les propagandistes se sont affublés du joli nom de « communicants » (ou experts en « relations publiques »), nimbant d'une aura d'honnêteté la nature manipulatrice de leur travail difficilement détectable.

La situation est suffisamment détériorée, mais les colporteurs de com' viennent de fonder le lobby Démocratie et Communication, afin de faire tomber les restrictions françaises imposées à la publicité en politique (comme l'interdiction de spots, levée à l'occasion des élections européennes de 2004). Parmi eux, Jacques Séguéla. Celui qui aime se présenter comme un « fils de pub », un « mercenaire nanti » et un « caméléon » s'y connaît. Il a fait la publicité de F. Mitterrand (« Génération Mitterrand ») et celle de nom-

---

13. Jacques Merlino, *Les Vérités yougoslaves ne sont pas toutes bonnes à dire*, Albin Michel, Paris, 1993, p. 125 *sq.*

14. Serge Halimi et Dominique Vidal, *L'Opinion, ça se travaille... Les médias, l'OTAN et la guerre du Kosovo*, Agone, Marseille, 2000.

breux partis dans le monde entier, en se flattant de changer de camp pour être toujours dans celui du vainqueur [15]. Comme tant de communicants français, il a baigné dans les réseaux « françafrique » et travaillé pour ces dictateurs qui servent si bien, *eux aussi*, les intérêts de notre industrie nationale, notamment pétrolière [16].

Si l'on remet ces évolutions dans une perspective historique, il faut parler avec Jürgen Habermas d'une « reféodalisation de l'espace public [17] ». Au Moyen Âge, les décisions politiques étaient prises dans le secret des arcanes du pouvoir. Ce qu'on offrait au peuple, c'étaient des défilés et des fêtes où les puissants se donnaient en spectacle pour accroître leur prestige. Avec les Lumières, un public se constitue qui ne se contente pas d'acclamer passivement le pouvoir, mais qui le conteste et le discute. C'est là l'origine des révolutions politiques modernes. Mais avec la concentration économique croissante et l'émergence d'un nouveau pouvoir politique, celui des grandes entreprises, l'espace public a vite repris son aspect de scène divertissante où les puissants paradent pour se faire plébisciter. Les grandes orientations politiques ne sont pas discutées, mais imposées par des tactiques de com' qui en dissimulent les enjeux. C'est la fabrication de l'adhésion, *the manufacturing of consent.*

On peut s'indigner du « passage de la démocratie représentative à la démocratie consumériste », annoncé par Séguéla [18]. Mais ce dévoiement ne fait que porter à leur paroxysme les insuffisances de la démocratie représentative, qui n'exige pas l'investissement de chacun dans la sphère politique, au contraire. À partir du moment où la conception de la participation se réduit à aller voter tous les cinq ans, on ne peut pas s'étonner que le pouvoir soit confisqué par des professionnels de la politique, experts et

---

15. *Cf.* Jacques SÉGUÉLA, *Fils de pub, op. cit.* ; *Le Vertige des urnes, op. cit.*, p. 10 et 18.

16. *Cf.* Florence AMALOU, *Le Livre noir de la pub, op. cit.*, p. 213-227 ; Raphaëlle BACQUÉ, « La valse africaine des "communicants" français », *Le Monde*, 28 novembre 1998

17. Jürgen HABERMAS, *L'Espace public*, Payot, Paris, 1978.

18. Jacques SÉGUÉLA, *Le Vertige des urnes, op. cit.*, p. 38

autres communicants. L'esprit « progressiste » a sa part de responsabilité dans cette dérive. Il a eu tendance à dédaigner les traditions populaires d'autogouvernement local, et n'a fait preuve d'aucune clairvoyance face au développement industriel et médiatique, l'assimilant au Progrès sans prendre en compte ses effets néfastes sur les conditions concrètes du débat public et de la souveraineté populaire.

Il est donc malheureusement logique que la politique se réduise de plus en plus à un spectacle. La gangrène publicitaire ne fait que révéler les limites d'une conception peu exigeante et trop *médiatisée* (c'est-à-dire indirecte) de la démocratie. La voie est libre pour manipuler l'opinion en masquant n'importe quelle politique, étatique ou industrielle, derrière le voile de l'intérêt général. En 2004, Sanofi-Synthélabo a fait une OPA hostile sur Aventis. Si l'on en croit la campagne de com' menée à cette occasion, seul le souci humanitaire de sauver des vies aurait motivé cette constitution d'un quasi monopole pharmaceutique.

La création industrielle de nouvelles maladies

Au Moyen Âge, charlatans et arracheurs de dents promettaient déjà la beauté et la santé, et même l'éternelle jeunesse, à l'aide de leurs potions miraculeuses et élixirs de jouvence. On aurait pu espérer que ces pratiques déclineraient avec le progrès. Au contraire, la publicité les a exacerbées. Il n'est pas nécessaire de s'appesantir sur l'exemple caricatural des cosmétiques. En revanche, la manière trop méconnue dont l'industrie pharmaceutique utilise le système publicitaire pour pervertir la médecine mérite d'être rappelée.

En France, la vente et la publicité *directe* de médicaments sont limitées – en fait, de moins en moins. Les industriels du médicament cherchent à se rapprocher du grand public et les pubards précisent, admiratifs : « En rivalisant de subterfuges pour contourner une réglementation contraignante. » Ils aimeraient rattraper les États-Unis, où la dérégulation libérale a autorisé le *direct to consumer*. En dix ans, les budgets pub y ont été multipliés par dix, et le chiffre d'affaires des médicaments concernés par trois [19]...

Nous n'en sommes pas là, mais le système publicitaire n'en est pas moins actif en France, s'attaquant à la cible que lui autorise la loi : le prescripteur. Les médecins sont cernés par une armée de représentants des laboratoires pharmaceutiques. On parle souvent du manque de personnel soignant dans les hôpitaux. Rappelons qu'il y a un représentant pour neuf médecins ! On parle souvent de la « dure nécessité », pour financer la recherche médicale, de faire payer aux pays pauvres des droits de brevet qui multiplient par dix et même bien plus le prix des médicaments. Rappelons que les laboratoires destinent seulement 9 à 18 % de leur budget à la recherche, soit trois fois moins qu'au marketing [20].

Longtemps persuadés de bien faire leur boulot : faire ce qu'il y a de mieux pour la santé du patient, les médecins se rendent compte qu'ils sont embrigadés pour faire surconsommer certains produits. Un système publicitaire efficace vise à faire du prescripteur une branche fiable de la tenaille broyant certains malades. Voilà comment le bourrage de crâne s'opère, expliqué par quelqu'un qui l'a subi. Au début de ses études, le futur médecin découvre avec bonheur tout un monde de cadeaux, de logos devenant familiers et de sponsors généreux subventionnant soirées et séjours au ski. La contrepartie semble bien mince, il suffit de faire semblant de les écouter peindre une jolie « vérité scientifique » sur un produit. De toute façon, ils « participent à notre formation », comme le disent les aînés, en général déjà bien formatés.

Plus tard, l'étudiant commence à apprendre sérieusement les pathologies. Les livres préconisent certains médicaments en gras, dont on retrouve la publicité chatoyante en jaquette ou en page insérée. Livres écrits par des « fleurons de la médecine » qui ont acquis leur notoriété grâce

---

19. *Stratégies*, n° 1317, 11 mars 2004, p. 47.

20. *Cf.* « The pharmaceutical industry as a medicine provider », *Lancet*, n° 360, 2002, p. 1590-1595.

aux bourses des laboratoires de leur spécialité – ceux-là mêmes qui produisent lesdits médicaments. Mais pour l'étudiant, ce bouquin est LA référence indispensable. Et comme on apprend la médecine par cœur, ça rentre dans le même mouvement ! Devenu interne, il fréquente de gré ou de force les labos plusieurs fois par semaine (lors de « visites de courtoisie », de sorties organisées, de « réunions d'information », etc.). Par ailleurs, le chef de service peut exercer des pressions, directes ou non, pour qu'il oriente les prescriptions en faveur du labo X, ami du service.

Toute sa vie de prescripteur, le médecin sera courtisé pour son plus grand bien. Réunions, repas, « séjours de formation » lui permettent de s'enrichir d'un savoir prémâché, habilement truqué si besoin dans les revues de référence ou dans les plaquettes vantant les propriétés du médicament, qui « oublient » parfois de mentionner certains effets secondaires. Au début des pilules contraceptives de troisième génération (mieux tolérées que les précédentes mais réputées augmenter le risque cardio-vasculaire), un labo expliquait dans ses documents promotionnels comment, contrairement aux pilules concurrentes, le taux de cholestérol n'est pas augmenté. Un examen attentif de la légende montre que cette preuve « scientifique » a été établie... chez la lapine. Les cobayes apprécieront.

Alors, même si les toubibs ont appris un regard critique (très récemment), les ficelles fonctionnent. Dès que les représentants cessent de stimuler les médecins, le volume des médicaments prescrits dans la zone géographique délaissée (surveillée avec la complicité des pharmaciens et des caisses primaires d'assurance maladie) chute. Aiguisent-ils le sens clinique des médecins ? Oui, vers des maladies qui n'existent pas et qui sont *créées* à coups de symposiums et d'articles « scientifiques » ratifiés par des professeurs renommés [21]. Création particulièrement facile quand la frontière entre le normal et le pathologique est ténue. À partir de quels seuils faut-il prendre en charge le taux de cholestérol

---

21. *Cf. Prescrire*, n° 243, octobre 2003, p. 712-714

ou la tension artérielle ? La moindre inflexion peut créer un immense marché...

Philippe Pignarre, qui a travaillé dix-sept ans pour l'industrie pharmaceutique, nous rappelle qu'elle est le « joyau de la couronne capitaliste ». Les taux de profit y sont plus élevés que dans tout autre secteur, même celui des banques. Mais pour les maintenir, et compte tenu de l'expiration des brevets, il faut innover en permanence et pousser d'urgence, en dépit de toute prudence, à la consommation des nouveaux produits. P. Pignarre nous détaille les stratégies utilisées : on publie un même article sous différentes signatures pour augmenter la notoriété d'une nouvelle molécule et suggérer aux médecins que ses avantages ont vraiment été confirmés, on peut même la commercialiser sous deux noms différents pour l'imposer plus rapidement (stratégie de *co-marketing*), on pousse à la prescrire en première intention, etc. Quand les molécules tombent dans le domaine public, on « cosmétise » les médicaments en misant sur la notoriété du nom de marque. Par exemple, tout est fait pour faire oublier que le Doliprane n'est que du paracétamol. Il y a aussi la « stratégie de niches » : les labos proposent leur médicament dans un sous-domaine limité d'une pathologie, puis « travaillent à élargir cette niche en formant les médecins au dépistage » et « en sensibilisant la presse grand public. On a vu ainsi surgir de "nouveaux" troubles psychiatriques [22] », comme certaines formes de dépressions brèves ou de schizophrénie précoce.

Faute de trouver de nouveaux médicaments, les laboratoires en viennent donc à inventer de nouveaux patients pour vendre leurs anciens produits. Pour cela, ils utilisent tous les stratagèmes du système publicitaire, recourant notamment à des tactiques de com' qui s'adressent directement aux masses par l'intermédiaire des médias. Aux États-Unis est ainsi soudainement apparue une nouvelle maladie, le « trouble de phobie sociale ». Entre 1997 et 1998, une cinquantaine

---

22. Philippe PIGNARRE, *Le Grand Secret de l'industrie pharmaceutique*, La Découverte, Paris, 2003, p. 150 *sq.*

de références y sont faites dans les médias mais, en 1999, l'épidémie semble s'étendre : on compte plus d'un milliard de références. Que s'est-il donc passé ? Rien, si ce n'est le déploiement d'une active stratégie de relations publiques pour le compte d'un laboratoire cherchant de nouveaux débouchés pour un antidépresseur, le Paxil, dont les ventes augmentent de 18 % en l'an 2000 [23].

Ces stratégies sont dangereuses, car les médicaments peuvent engendrer une ribambelle d'effets indésirables allant du bénin au mortel. Par exemple, un laboratoire propose des hormones pour prendre en charge la « ménopause masculine ». Ses pubs jouent sur le désir des hommes de « rester jeunes » et de conserver toute leur libido. Mais il est à craindre que la testostérone proposée entraîne à long terme une augmentation dramatique du nombre de cancers de la prostate. Et même à court terme, des essais cliniques sur 2 500 personnes sont statistiquement trop faibles pour détecter un effet grave – les labos faisant tout leur possible, en cas de problèmes, pour les expliquer par les caractéristiques des cobayes plutôt que par celles des molécules. Un coupe-faim a obtenu en 1985 son autorisation de mise sur le marché (AMM). Tambours, trompettes, congrès sur le produit-miracle qui va améliorer l'ordinaire de millions de gens, malades d'avoir trop consommé ou plus souvent esclaves d'un conformisme physique martelé notamment par la publicité. En quelques années, il est consommé par 7 millions de personnes. On s'aperçoit de son danger : 200 personnes en décéderont ou garderont de lourdes séquelles.

L'ingéniosité déployée pour maximiser la rentabilité du triangle médecin-malade-labo est terrifiante. La prédominance de l'image sur la vérité est une caractéristique indiscutable de la publicité. Dans le domaine de la santé, elle est criminelle, car les médicaments sont potentiellement de véritables mines antipersonnel. Le principe de précaution

---

23. *International Herald Tribune*, 17 juillet 2001.

est balayé par une déferlante publicitaire stimulant une surconsommation de médicaments qui entraîne 1,3 million d'hospitalisations (soit 10 % du total !) et 18 000 décès par an en France. En entretenant l'illusion obsessionnelle de la santé parfaite, de la beauté et de la jeunesse éternelles, Big Pharma crée en fait de nouvelles maladies.

Le cynisme des labos n'a d'égal que celui de leurs *marketers*, sacrifiant *sciemment* notre indépendance, et même notre vie, au Dieu Profit. Mais il serait erroné et injuste d'imputer au seul système publicitaire cette dérive médicale. Il ne fait que dévoiler et aggraver les insuffisances d'une conception de la médecine comme *assistance médicale* focalisée sur la prescription de médicaments chimiques dont la violence est source de pathologies et de dépendances. Les statistiques prouvent que les progrès de la santé publique ne sont pas liés de manière décisive aux médicaments modernes, mais bien plus à l'amélioration des conditions de vie, et notamment de l'alimentation, c'est-à-dire à des choses que les individus peuvent contrôler *eux-mêmes*. Une autre conception de la santé se profile ici, fondée sur l'*autonomie personnelle*. On l'assure soi-même par une saine hygiène de vie en ne recourant à une assistance médicale que dans certains cas particuliers.

Non seulement les « spectaculaires progrès » de la technique médicale n'ont guère contribué à l'augmentation de l'espérance de vie, mais ils ont des effets néfastes, non voulus comme tels par les médecins. D'une part, au lieu d'inciter les individus à prendre en main leur santé par un mode de vie sain, ils renforcent l'idée qu'elle est mieux assurée par la consommation quotidienne de soins prodigués par des instances spécialisées. D'autre part, ils sont systématiquement utilisés pour justifier les conditions de vie modernes – conditions qui précisément sont de plus en plus pathogènes ! Le cancer, dont 150 000 Français meurent par an, est une épidémie liée à l'industrie, et notamment à cette chimie qui est aussi la base de la pharmacopée. La civilisation industrielle crée de nouvelles maladies, et le système médical est lui-même loin d'être sain. Comme l'écrit Ivan Illich :

> « Une structure sociale et politique destructrice trouve son alibi dans le pouvoir de combler ses victimes par des thérapies qu'elles ont appris à désirer. Le consommateur de soins devient impuissant à se guérir ou à guérir ses proches [24]. »

24. Ivan Illich, *Némésis médicale. Œuvres complètes*, vol. 1, Fayard, Paris, 2004, p. 585.

7

Le monde se meurt de notre mode de vie

De multiples problèmes écologiques se posent et ne vont cesser de s'aggraver au point d'en devenir insurmontables : effet de serre, pollutions de toutes sortes (chimique, nucléaire, génétique), épuisement des ressources, dégradation des sols, déforestation, diminution de la biodiversité, etc. Leur potentiel explosif réside dans les effets sociaux qu'ils entraînent déjà dans leur sillage : catastrophes sanitaires, famines, guerres pour le contrôle des ressources, dérives politiques, etc. Le XXIe siècle s'annonce aussi brutal que brûlant. Nous épargnerons au lecteur la chronique détaillée de cette catastrophe annoncée. Le décompte chiffré des nuisances et des risques qui s'accumulent le long du cortège triomphal de la Croissance capitaliste a déjà été fait ailleurs [1].

Nos sociétés foncent droit dans le mur, et dans leur course effrénée entraînent la terre entière. Mais aujourd'hui, on ne peut plus incriminer un brouillard qui nous empêcherait d'anticiper l'avenir. Voilà longtemps qu'il s'est dissipé, et les tentatives d'enfume n'endorment que ceux qui ne songent qu'à se maintenir dans la somnolence. La nouveauté, c'est qu'on ne peut plus fermer les yeux, car il faudrait aussi se boucher les oreilles et le nez – en fait se lobotomiser – pour ne rien percevoir du processus de dégradation du monde dans lequel nous vivons, en sursis. Certains n'y voient que

---

1. *Cf.* par exemple Yves DUPONT (dir.), *Dictionnaire des risques*, Armand Colin, Paris, 2003 ; ou, pour une version en images : Laurent DE BARTILLAT et Simon RETALLACK, *Stop !* Le Seuil, Paris, 2003.

les « dommages collatéraux de la Croissance » et la « rançon du Progrès ». Nous parlons, nous, de dévastation du monde.

La dévastation du monde

Le monde n'est pas cette abstraction qu'économistes, scientifiques et politiciens scrutent dans des colonnes de chiffres, mais le cadre sensible de notre vie quotidienne. Ce monde vécu est composé de deux faces indissociables, *les hommes ET la nature.*

Il n'y a de monde qu'habité par les hommes. Le monde sans les hommes, c'est l'« univers », un espace vide, inerte, infini. Le monde a donc une face sociale et culturelle. Il n'est pas hors de nous, mais aussi en nous, entre nous. Réciproquement, il n'y a pas de vie ni d'activité humaines hors d'une nature qui leur préexiste et leur pose des limites. La nature que nous défendons n'est pas la *wilderness*, cette virginité immaculée dont rêvent les représentants de l'écologie profonde. Il n'y a plus de « nature vierge » et, même s'il en restait, ce n'est pas avant tout pour sa conservation qu'il faut s'engager, mais pour celle de notre domaine de vie et de tous ceux avec qui nous le partageons – la « campagne » en tant qu'espace naturel façonné par la culture et l'histoire, plus que l'« univers ». Et la préservation de celle-ci passe nécessairement par un rapport mesuré à la nature dans laquelle il nous est donné de vivre, une manière de l'humaniser sans la briser. À tous les technologues demi-habiles qui veulent s'en affranchir et croient la dominer, elle manifeste son indépendance sauvage sous la forme de conséquences imprévues venant ruiner les prétendues « victoires » obtenues sur elle.

Parler de « dévastation du monde », c'est dire qu'une fraction de l'humanité est en train d'en sacrifier une autre sur l'autel de la Croissance, *et* qu'elle détruit aussi les conditions naturelles de la vie humaine en général. La planète bleue se transforme en une grise décharge d'immondices. Les générations à venir n'auront peut-être même pas l'occasion de venir « au monde », puisqu'elles hériteront d'un monde à ce point immonde que la vie y sera pour certains invivable. Dans certaines conditions, la vie mérite à peine d'être vécue tant elle est mutilée. Elle sera peut-être même impossible, si l'on tient compte d'une menace nucléaire qui n'a jamais été aussi sérieuse, compte tenu de la prolifération des armes, des centrales et des déchets.

La désertification effective de la planète n'en est que l'aspect le plus visible : le monde se restreint et l'immonde gagne du terrain (érosion des sols, montée des eaux, expropriations écologiques liées à des degrés de contamination rendant les espaces inutilisables, etc.). Mais il ne faut pas réduire ce processus à son versant matériel et écologique. La dévastation est aussi sociale, culturelle et spirituelle. Dévaster, c'est « ravager en faisant le vide », rendre désert. Le désert est un monde appauvri, un espace invivable ou presque, un univers où il ne fait pas « bon vivre ». Et ce qui rend le monde désert, c'est aussi son désenchantement, et la perte du lien social résultant d'une compétition acharnée entre individus esseulés.

Cette misère humaine, c'est la désolation, la production industrielle de la solitude. Si le monde implique la convivialité, le fait de vivre ensemble dans le partage, l'entraide et la solidarité – c'est-à-dire dans le respect de toutes celles et de tous ceux qui font partie du monde –, sa dévastation signifie l'élimination tendancielle de toute convivialité au profit de la juxtaposition d'ego inégaux n'ayant rien d'autre à partager que leur indifférence. Être à côté les uns des autres, ce n'est pas vivre ensemble, comme le montre suffisamment le côtoiement des SDF mourant de froid. N'est-ce pas le symptôme le plus criant de la désolation que l'État en vienne à faire des campagnes publicitaires pour tenter de resensibiliser les citoyens à leur sort ?

La « foule solitaire » et la réduction des relations humaines à des « contacts » sont des caractéristiques bien connues de nos sociétés urbaines. Hannah Arendt, à laquelle est emprunté le concept de désolation, y voyait une des origines du totalitarisme : « La transformation des classes en masses et l'élimination parallèle de toute solidarité de groupe sont la condition *sine qua non* de la domination totale [2]. » La désolation décourage de toute résistance autre que velléitaire. Pour s'opposer durablement à un pouvoir, il faut être soudés, comme le rappelle *a contrario* le précepte politique classique : « Diviser pour mieux régner. » La désolation, versant subjectif de la dévastation, en est aussi un des ressorts. Tant que nous nous replierons sur nous-mêmes et que nous nous complairons dans ce désengagement si fonctionnel, la dévastation poursuivra sa route tracée d'avance.

La dévastation du monde n'est pas un processus extérieur. Nous sommes nous-mêmes tout autant dévastés que les abords de nos villes. Elle est en nous, inscrite au fond de nos cœurs et de nos esprits désertiques. La dévastation, c'est à la fois un *état des choses, ET un état d'esprit* face à lui, un état d'esprit fait de laisser-aller insouciant et de désertion désinvolte – cet état d'esprit « fait d'hédonisme cool et ironique » que certains publicitaires se flattent justement de diffuser [3]. La dévastation, c'est à la fois le caractère immonde de ce qui se voit, se fait, se consomme et se dit, *ET* l'indifférence immonde que cela suscite. C'est à la fois tout ce qui se passe autour de nous, et notre passivité face à ce monde qui trépasse.

Il ne s'agit pas d'un état achevé mais d'un processus infini aux multiples aspects. Nous n'annonçons pas la « fin du monde » (la planète et la nature sont bien plus solides que les sociétés), nous constatons la dégradation de notre monde humain, conçu d'une manière *qualitative* comme l'inverse de ce qui est immonde. Ce processus, Marx et Nietzsche, chacun à sa manière, l'avaient vu dès le XIXe siècle. Dans son *Manifeste*, le premier expliquait que le capitalisme allait noyer toutes les relations humaines dans les « eaux glacées du calcul égoïste ». Dans son *Zarathoustra*, le second constatait que « le désert croît ». Comme le disent les auteurs d'un récent *Appel*, le désert ne peut plus s'étendre aujourd'hui, car il est partout ; en revanche, il peut s'appro-

2. Hannah ARENDT, *Le Système totalitaire*, Le Seuil, Paris, 1972, p. 17.
3. Bernard CATHELAT, *Publicité et société, op. cit.*, p. 36.

fondir. Tout dépendra de notre capacité à surmonter notre atomisation pour nous reconstituer en force agissante.

Cette dévastation, résultat du mouvement d'expansion du capitalisme, se manifeste exemplairement dans le vocabulaire quotidien. Il fut un temps où l'on estimait qu'une société juste et décente devait reconnaître sa place à chacun, en respectant la diversité des individus. Désormais, il faut « s'adapter », « gagner » sa vie, apprendre à « se vendre », à « manager » ses émotions et à « gérer son portefeuille de relations », sans parler, bien sûr, de son « capital jeunesse » et de son « capital santé ». Les Allemands parlent même de *Ich-AG*, le Moi-SA. Cette conception de l'identité personnelle sur le modèle de la société anonyme constitue le point culminant d'une transposition du lexique de la grande entreprise à la totalité de la vie humaine – transposition qui non seulement révèle la dévastation du monde, mais verrouille aussi l'imaginaire requis pour s'y opposer. Et cette misère spirituelle saura s'appuyer sur un discours à la mode qui persuade chacun que rien d'authentique n'existe (ni n'a jamais existé), qu'« artificiel » ne veut rien dire, et qu'il est illusoire de vouloir construire un monde moins factice.

De la dévastation, la publicité est à la fois vecteur et vitrine. Elle contribue à la destruction écologique de la planète, à la détérioration des relations humaines, à la dégradation des imaginaires et à l'abrutissement spectaculaire. Et elle incarne cette misère de manière exemplaire, par le gâchis qu'elle constitue, la bêtise dont elle fait preuve, la laideur qu'elle affiche et le cynisme qu'elle répand. Le *summum*, n'est-ce pas que, dans les écoles de marketing, de jeunes gens soient dressés à en dresser d'encore plus jeunes ?

On nous reprochera sans doute ce ton apocalyptique et unilatéral. Mais reproche-t-on au médecin de ne pas faire la tournée des gens bien portants ? Bien sûr, le monde n'est pas encore intégralement inhumain, immonde et invivable – en fait, tout dépend pour qui, et pour combien de temps. Car la situation empire. Chaque jour porte avec lui de nouvelles régressions, et le désert est en train d'engloutir les dernières oasis. Le plus inquiétant, c'est la paralysie que suscite cette progression du désert chez une majorité consciente, et l'enthousiasme des élites qui continuent à parler béatement de « Progrès » – ne mesurant ce dernier qu'à l'aune insensée de la Croissance.

L'idéologie économiste de la Croissance

Toutes les sociétés ont été confrontées à des dilemmes et des impasses, mais nous sommes aujourd'hui dans une situation spécifique. Comme l'a compris Ulrich Beck, nos problèmes ne nous sont pas posés *de l'extérieur* par d'autres sociétés ou par un environnement hostile. Ils sont endogènes et systémiques, y compris un certain nombre des « catastrophes naturelles » qui sont en fait des retours de bâton d'un mode de développement qui méconnaît et maltraite la nature (par exemple, les inondations récurrentes sont liées à la dégradation des sols, sans même parler des dérèglements climatiques). C'est à leur propre irrationalité que nos sociétés modernes sont confrontées, car ces problèmes sont des effets induits par leur propre dynamique. Les risques « sont le *produit global* de la machinerie industrielle du progrès, et ils sont *systématiquement* amplifiés par la poursuite de son développement [4] ».

L'ennemi n'est pas hors de nous, mais en nous. Il va donc falloir remettre en question certains dogmes constitutifs de notre mode de vie et de pensée, à commencer par cette religion de substitution qui domine l'Occident depuis plus de deux siècles, le Progrès. Car c'est précisément le Progrès, au sens où l'entendent nos élites, qui est en cause. Certaines sociétés traditionnelles étaient menacées par la pénurie. La volonté de produire plus y avait donc un sens. Mais nous sommes menacés par les implications de la surabondance jetable. Nous produisons trop, au point de devoir détruire les surplus que les campagnes publicitaires ne réussissent pas à faire ingurgiter. La

4. Ulrich Beck, *La Société du risque,* Flammarion, Paris, 2001, p. 40.

machine économique s'est emballée, et nous en avons perdu le contrôle.

Le *devenir invivable* est organisé par l'Économie capitaliste, un système qui n'a plus rien à voir avec ce que signifiait originellement le terme *économie* : la sage gestion des ressources d'une maison conçue comme lieu d'une vie commune. L'Économie moderne repose au contraire sur le pillage et le saccage de toutes les ressources, humaines et naturelles. Il ne s'agit plus de satisfaire les besoins pour assurer le vivre-ensemble, mais d'accumuler pour elle-même une richesse abstraite. L'Économie est devenue autonome. Ne prenant pas en considération les exigences de la vie humaine, elle ne vise plus que son propre déploiement infini.

Le caractère irrationnel de ce mode de développement apparaît clairement lorsqu'on examine comment se mesure la Croissance. Le PIB (produit intérieur brut) additionne toutes les valeurs ajoutées produites par les activités marchandes (ou assimilables), et chaque augmentation du total est présentée comme une élévation du niveau de vie. Par souci d'« objectivité scientifique », les économistes se refusent à porter un jugement sur l'utilité sociale voire la nocivité effective de ces activités [5]. Toute chose produite qui provoque des flux monétaires (les mines antipersonnel comme les pesticides cancérigènes) ajoute quelque chose à la « richesse nationale ». Mais ce qui disparaît sans être remplacé n'est pas soustrait, et les nuisances engendrées par la « création de richesse » ne sont pas prises en compte, sauf... si elles suscitent des activités de compensation créatrices de valeur – les nuisances devenant alors source de croissance.

Pour prendre un exemple, un cycliste compte pour du beurre dans le PIB, car il ne suscite que peu d'activités marchandes (quelques réparations par an). En revanche, un automobiliste participe beaucoup plus à la « richesse nationale », à la fois par tout ce qu'il consomme, et par toutes les

---

5. *Cf.* Dominique Méda, *Qu'est-ce que la richesse ?* Flammarion, coll. « Champs », Paris, 1999.

nuisances qu'il provoque (bruit, pollution, stress, etc.) et qui appellent de nouvelles dépenses (double vitrage, climatisation, soins pour les personnes âgées et les enfants touchés par la pollution, etc.). Et pour forcer le trait : un automobiliste qui roule vite et renverse régulièrement des cyclistes contribue encore plus à l'« élévation du niveau de vie » (par la surconsommation d'essence liée à la vitesse, les soins médicaux aux grands blessés, etc.).

Enferrés dans une conception *quantitative* de la richesse, et jubilant devant leurs prodigieuses additions de valeur monétaire, nos experts en comptabilité nationale sont insensibles à la dégradation de la qualité de vie dont se plaignent tant de nos contemporains. Critiquant l'extrême réductionnisme du PIB, des chercheurs américains ont mis au point un indicateur de « santé sociale » incluant d'autres variables comme les inégalités sociales, la mortalité et la pauvreté infantiles, les taux de suicide et d'homicide, la pauvreté des personnes âgées, etc. Dans leur rapport remis au Congrès en 1995, ils ont placé sur un même graphique l'indice du PIB et celui de la santé sociale. Pendant un certain temps, les courbes évoluent parallèlement mais, au milieu des années 1970, un décrochage se produit : le PIB poursuit sa progression tandis que la santé sociale chute brutalement. Comme le précise Jean Gadrey, l'intérêt de cette recherche n'est évidemment pas de donner une « mesure objective [...] du Bonheur national brut [6] ». Ce qu'elle nous montre, sans même inclure de variables écologiques, c'est le coût de la Croissance. *À partir d'un certain seuil, l'élévation du niveau de vie se fait au détriment de sa qualité.*

Cela n'a rien d'accidentel. Élévation du niveau de vie et dégradation de la qualité de vie, consumérisme et dévastation semblent désormais se nourrir mutuellement dans une spirale régressive. L'absurdité patente de la manière dont la Croissance est évaluée nous révèle en fait sa vérité profonde : la compensation des nuisances joue le « rôle

---

6. Jean Gadrey, *Nouvelle Économie, nouveau mythe ?* Flammarion, coll. « Champs », Paris, 2000, p. 54.

dynamique de locomotive économique [7] ». Pour les économistes, les risques futurs prennent même une valeur positive, en constituant ce réservoir inépuisable de « nécessités » dont le capital a besoin pour se reproduire.

Par exemple, afin d'obtenir des rendements toujours plus élevés, l'agriculture productiviste utilise massivement des engrais chimiques, ce qui entraîne un épuisement des sols qui ne peut être pallié que par un recours encore plus massif aux engrais. L'industrie des intrants agricoles prospère ainsi grâce aux dégâts qu'elle provoque [8]. D'autres industries peuvent aussi se greffer sur ce cercle vicieux des déversements, notamment celle de l'eau minérale qui vient compenser l'intoxication des nappes phréatiques (on achète d'autant plus d'eau en bouteille que celle du robinet est frelatée).

Le système industriel s'étend dans une dynamique infinie, puisque chacune de ses extensions provoque des dommages qu'il peut alors compenser en fournissant des semblants de réparation, provoquant à leur tour de nouveaux dommages. Il dévaste ce qui lui préexiste, puis comble le vide qui en résulte par des ersatz marchands de ce qui a été détruit. Bien sûr, il ne s'agit pas d'une « conspiration » délibérée. C'est un effet de système, on le retrouve donc partout.

Cet effet est l'aboutissement logique du développement d'une forme de richesse tout à fait particulière. Avec le capitalisme, la richesse est devenue de plus en plus instable et insaisissable. Même quand elle se matérialise dans des meubles, des machines et des immeubles, la richesse créée est prise dans un mouvement dévorant d'autoaccroissement qui peut se saisir de tout, même des hommes et de la nature, pour les mettre en valeur. Mais c'est au monde humain (les objets et les ouvrages qui constituent notre cadre de vie) que cette logique abstraite s'est attaquée en premier.

---

7. Jean Baudrillard, *La Société de consommation, op. cit.*, p. 46.

8. L'agriculture transgénique n'est bien sûr que l'aboutissement nécessaire de cette « suite insensée de palliatifs toujours plus destructeurs », *cf. Remarques sur l'agriculture génétiquement modifiée et la dégradation des espèces*, Éditions de l'Encyclopédie des nuisances, Paris, 1999, p. 65-75.

On comprend intuitivement l'intérêt qu'ont les entreprises à produire des biens de qualité assez médiocre, qui ne durent pas trop longtemps, de telle sorte que les clients passent régulièrement en caisse. Elles utilisent de nombreuses stratégies pour accélérer l'obsolescence des produits, la publicité n'étant que l'une d'entre elles et pas forcément la plus malhonnête. Par exemple, on calcule savamment la durée de vie de certaines composantes (notamment électroniques) afin qu'elles cèdent assez vite après l'expiration de la garantie. Il semble alors « naturel » de renouveler tout l'appareil – sa réparation par l'usager étant de toute façon volontairement rendue de plus en plus difficile.

Il n'y a rien de naturel à ce que le monde des objets soit ainsi soumis à des cycles de plus en plus rapides de *consommation*. En tant qu'être vivant, l'homme consomme des aliments pour subsister, et ce qui relève du cycle naturel de la consommation, c'est par excellence la nourriture, que l'on restitue à l'environnement sous forme dégradée (celle de déchets) et qu'il faut en permanence reproduire. En revanche, dans le monde préindustriel, le monde des objets échappait en général à ce cycle de production-destruction-restitution, au moins en temps de paix. Les ustensiles de la vie quotidienne, les tables, les lits et les autres meubles, les maisons aussi étaient produits de manière artisanale et présentaient souvent, par rapport aux produits de l'industrie moderne, une plus grande stabilité, une plus grande résistance au temps.

On voit bien qu'un monde où la richesse s'incarne dans un patrimoine durable n'est pas favorable à la circulation monétaire et à l'accumulation de richesse abstraite. La croissance exige que le monde humain soit toujours plus instable et périssable. Et aujourd'hui, avec les OGM, elle pousse notre société à rendre également la nature conforme au modèle du produit manufacturé de grande série, renouvelable et jetable[9]. Ce n'est donc pas un hasard si les fon-

9. *Cf.* Jean-Pierre Berlan, *La Guerre au vivant. OGM et autres mystifications scientifiques*, Agone/Contre-Feux, Marseille, 2001.

dateurs des comptabilités nationales modernes ont fait le choix de ne mesurer que les *flux* de richesse monétaire. Leur conception de la « richesse » peut à bon droit paraître réductrice, pas assez patrimoniale, trop exclusivement quantitative. En réalité, elle est en adéquation avec la logique profonde de l'économie moderne, où c'est le mouvement qui compte. Pour créer de la richesse abstraite, la mise en valeur capitaliste doit réussir à rendre les biens concrets consommables et donc périssables [10].

La Croissance promet l'Abondance pour tous. Mais ce dont il y a effectivement profusion, c'est moins d'une richesse en réalité volatile que de nuisances et d'inégalités bien réelles. Malgré tout, et quel qu'en soit le prix, il faut croître. Il s'agit d'une idée fixe qui domine tous les esprits, de gauche comme de droite. Typiquement, d'une idéologie. C'est la Pensée Unique de toutes nos élites, et les accès de conscience de Chirac, s'effrayant devant la « fracture sociale » qui ne cesse de s'approfondir, et s'écriant à Johannesburg « la maison brûle ! » ne changent rien à cette obsession de croissance infinie, déconnectée de la réalité d'un monde dont les ressources sont limitées. Et même les mouvements dits « consuméristes », pourtant conscients de l'irrationalité de notre système économique, s'arrêtent parfois en chemin pour entonner eux aussi le chant de la Croissance.

Critique des illusions consuméristes

Certains se sont peut-être étonnés de nous entendre critiquer le consumérisme, alors que ce terme, dans les dictionnaires, désigne les associations de consommateurs voulant défendre leurs droits et leurs intérêts contre les firmes industrielles que nous dénonçons aussi. Aux États-Unis, le *consumerism* se distingue du *consumptionism*, et

---

10. *Cf.* Günther Anders, « Le monde comme fantôme et comme matrice », *in L'Obsolescence de l'homme*, Éditions de l'Encyclopédie des nuisances/Ivréa, Paris, 2002 (première publication en allemand : 1956).

désigne les militants qui critiquent la manière dont l'industrie les traite comme des cobayes. Leur figure emblématique est Ralph Nader, avocat engagé dans la lutte contre les géants industriels, ce qui lui a valu pressions et menaces.

Mais l'usage courant est aujourd'hui en France d'employer le mot consumérisme pour dénoncer la frénésie de consommation, ce *consumptionism* que les élites industrielles américaines ont voulu inoculer aux populations pour les tenir tranquilles. Nous sommes fidèles à cet usage, en précisant toutefois que le consumérisme que nous critiquons est à la fois le mode de vie fondé sur l'hyperconsommation *et les illusions politiques qu'il génère chez les associations de consommateurs.*

Primo, les consuméristes dénoncent les « dérives » du système industriel, et présupposent donc qu'il s'agit de « malveillances accidentelles » liées à des patrons « exceptionnellement peu scrupuleux ». Or il n'y aura jamais de guerre propre, ni militaire, ni économique. Comme le prouve leur prolifération, les « bavures » industrielles (produits toxiques, exploitation des enfants, etc.) sont des effets inévitables d'un système qui ne saurait suivre son impératif de rentabilité sans les engendrer. La louable volonté de corriger ces « abus » repose en fait sur la méconnaissance des racines du problème, et sur l'assimilation du radicalisme avec l'« extrémisme » par ceux qui n'aiment pas trop s'éloigner du consensus mou.

Secundo, les consuméristes ont tellement intériorisé la réduction de l'homme à sa seule dimension d'estomac insatiable doté d'une bourse, qu'ils expriment leurs revendications dans la langue même du système. Le sous-titre d'un de leurs premiers journaux en France le dit avec humour : « Je dépense, donc je suis [11]. » Leur devise, c'est « défendre le consommateur », ses droits et ses intérêts. Mais, comme ces derniers ne sauraient jamais être que *privés et individuels*, c'est justement en y faisant appel que les pires industriels

11. Ce journal du début du XXe siècle s'intitulait lui-même *Le Consommateur. Cf.* Luc Bihl, *Consommateur, réveille-toi !* Syros, Paris, 1992, p. 22.

peuvent contrecarrer les rares ripostes. Ainsi, face à la critique de la vente libre d'armes, les armuriers font l'apologie de la « liberté du consommateur ». Il en va de même avec le tourisme sexuel. Ses amateurs le disent à mi-voix : la prostitution infantile étant « traditionnelle » dans certains pays, pourquoi limiter la « liberté de consommer » des Occidentaux alors qu'elle rapporte des devises et contribue donc au « développement » de ces pays ?

Nous ne nous situons pas du point de vue du consommateur, mais de celui de l'être humain. Il ne s'agit pas de protéger ce droit d'envisager tout, toutes et tous en termes de consommation, mais de se libérer d'un destin auquel les industriels veulent nous assigner : être des moutons qu'on mène au pâturage, puis qu'on tond, et qu'on laisse enfin crever quand il n'y a plus rien à en tirer. Les consuméristes ont renoncé à cet idéal émancipateur. En quelque sorte, ils veulent négocier les conditions d'élevage, de gavage et d'abattage.

Tertio, le consumérisme est de l'ordre de la « vaccine [12] ». On serine une minidose de critique inoffensive qui ne fait qu'immuniser et renforcer le système. Il n'est donc pas étonnant de constater que les industriels l'ont fortement encouragé. Edward Filene, ce patron américain qui affirmait la nécessité d'« imposer un certain niveau de consommation » aux masses, a ainsi fondé le *Mouvement de défense des consommateurs*. Il ne faut pas se laisser détourner des luttes *politiques* visant à renverser le système vers des luttes *consuméristes* visant à assurer aux salariés-consommateurs une meilleure part d'un gâteau industriel en réalité chimérique et empoisonné [13].

Au fond, le consumérisme n'est qu'un « cache-misère », sous toutes ses formes : « consom'acteur », « de l'éthique sur l'étiquette », commerce « équitable », « publicité éthique », etc. Certes, ces mouvements ne sont pas inutiles, dans la mesure où ils peuvent constituer des *jalons* vers une prise de conscience des problèmes radicaux qui se posent. Mais, s'ils

---

12. Roland BARTHES, *Mythologies, op. cit.*, p. 225.
13. *Cf.* Stuart EWEN, *Consciences sous influence, op. cit.*, p. 38-39.

entretiennent l'illusion d'une société d'hyperconsommation viable et tolérable, ils peuvent se révéler nuisibles, comme c'est le cas de l'idée de « développement durable ». Il s'agit toujours de croître, tout en faisant croire que le processus ne serait plus destructeur. Plébiscitée par les industriels, cette idée leur permet de continuer dans la même voie tout en se donnant une image « écolo ».

Enfin, les illusions consuméristes conduisent à l'erreur de n'envisager les questions écologiques qu'en termes de *production*, et d'invoquer alors l'innovation technoscientifique pour rendre l'industrie moins polluante. Idée apparemment incontestable, mais en réalité dangereuse et illusoire. En effet, elle conduit à déposséder encore plus les citoyens de la maîtrise de leurs conditions de vie, déléguée aux « experts ». De plus, *même si* l'on parvenait à obtenir des diminutions de la pollution de *certaines* industries (en fait, les droits à polluer se marchandent, et les législations sont contournées afin de ne pas nuire à la « compétitivité nationale »), cela n'arrêterait pas l'augmentation *globale* de la pollution due à un secteur industriel qui ne cesse de croître. Il en va de même des prétendues « voitures vertes ». Un peu moins polluantes, elles permettent de continuer à polluer tout en se donnant bonne conscience. Pour éviter ces mystifications qui entretiennent la dévastation, les problèmes écologiques doivent être posés en termes de *mode de vie*. Il faut s'attaquer au consumérisme et à son carburant publicitaire – et, ici encore, il ne suffira pas de mettre une « pastille verte » sur ce moteur si polluant.

Notre mode de vie est-il négociable ?

La publicité se flatte d'être le fer de lance de l'expansion. « Créer du désir pour favoriser la relance », telle est la contribution proclamée du directeur de Publicis à la Croissance. Mais la surconsommation n'allant pas sans le surtravail, il ajoute que « nous souffrons de beaucoup de maux : nous travaillons moins que nos concurrents, notre coût du travail est plus élevé, la fiscalité est plus lourde[14] ». Voilà le meilleur des mondes selon Publicis, fer de lance de l'exploitation : des gens qui triment à longueur de journée, sans protection sociale, et dont les envies sont attisées au fer rouge de la pub. Ce discours est typique de l'aveuglement de nos élites pour qui les maux à éradiquer sont précisément ce qui modère la fuite en avant.

La publicité n'est pas la source de tous nos problèmes, mais son caractère marginal par rapport à la question centrale du productivisme industriel ne doit pas nous faire oublier son rôle névralgique : propager le mode de vie qui entretient son développement. Consumérisme et productivisme sont les deux faces de la même médaille : le capitalisme et sa croissance dévastatrice. Bon gré mal gré, nous sommes tous, à divers degrés, consuméristes. Il est donc urgent de comprendre que ce mode de vie si confortable est fondamentalement déraisonnable. Ce n'est pas un « mode de subsistance », puisqu'il sape les conditions de possibilité de toute subsistance future. Ce n'est même pas un « mode de vie », mais une manière d'anéantir toute vie ou presque – un mode de vie mortifère qui mène au suicide collectif. Tel est le dangereux paradoxe que nous voulons souligner en disant que le monde se meurt de notre mode de vie.

Tout le monde en est conscient, même Bush Sr qui avait déclaré, en marge du Sommet de la Terre au début des années 1990 : « Notre niveau de vie n'est pas négociable. » En affirmant cela, il révélait deux choses. D'une part, que le problème se pose en termes de niveau de vie ; d'autre part, qu'on peut tout négocier, sauf précisément ce qui est la racine du mal. Ce niveau de vie, c'est bien sûr celui qui caractérise le mode de vie consumériste à son stade actuel. Au fond, les publicitaires ne font que tenir le même discours que Bush, en pire. Non seulement les pubs masquent le fond du problème alors que Bush a la franchise de le reconnaître,

14. Maurice Lévy, « Désir de relance, relance par le désir », *Le Monde*, 18 février 2004.

mais en plus elles nous incitent à nous vautrer dans le consumérisme. En somme, publicitaires, industriels et consuméristes sont tous d'accord avec Bush : il est hors de question de diminuer notre niveau de consommation, de changer de mode de vie.

Bush n'a fait que révéler le point d'aveuglement de nos sociétés. On sait que ce mode de vie est dévastateur, et donc qu'il n'est « pas négociable », en ce sens qu'il faut en sortir d'urgence. Mais on se refuse à tirer cette conclusion, effectivement radicale, qui s'impose. Face à cette question cruciale, on préfère l'hypocrisie. On critique l'aveuglement revendiqué de Bush Sr, tout en surconsommant et en tolérant cette publicité qui nous aveugle. On manifeste contre la guerre menée par Bush Jr pour le contrôle des ressources pétrolières, tout en roulant en voiture et en s'abstenant soigneusement de réfléchir aux moyens de se passer de cette énergie qui est la base même de notre mode de vie. En fait, on vitupère contre ceux qui défendent nos intérêts de consommateurs, et l'on se défausse ainsi de toute responsabilité. Au fond, on préfère se dire : « Après nous, le déluge. »

Nous voudrions pour finir anticiper sur trois séries de critiques éculées :

Primo, le chantage à l'emploi. Toutes les critiques de la croissance sont en général balayées d'un revers de main par l'affirmation que la croissance crée de l'emploi. En fait, par le biais des gains de productivité, elle peut en détruire autant qu'elle en crée. Et surtout, rien ne garantit que les emplois créés soient plus utiles ou moins nuisibles que ceux qui disparaissent. Peut-on raisonnablement, au nom de l'impératif de créer des emplois à court terme, se permettre de sacrifier les conditions de la vie future ? Un tel chantage, au lieu de nous inciter à réfléchir aux moyens de désamorcer une machine infernale, n'est-il pas l'aveu que l'on y a d'emblée renoncé ?

Secundo, la psychiatrisation de la contestation. Nous serions « pessimistes », voire « dérangés », ou encore animés par une « crainte irrationnelle du futur ». En ramenant ainsi le débat à une question de tempérament, on ne fait que le refuser – pratique, car on serait bien en peine de montrer qu'il n'y a aucune inquiétude à avoir. Surtout, on manifeste un aveuglement qui ne fait que docilement répéter le principe du discours publicitaire : « Tout le monde, il est beau [15]... » Aujourd'hui, il s'agit simplement d'être éclairé et réaliste. Optimisme et pessimisme ne sont que des manières de se comporter face à un problème qui doit *au préalable* être reconnu. Celui qui, par ignorance ou mauvaise foi, dénie son existence et agit comme si de rien n'était n'est pas « optimiste ». C'est un inconscient ou un démissionnaire. Et celui qui s'alarme n'est pas « pessimiste ». C'est quelqu'un qui a les yeux ouverts et prend ses responsabilités. Au moins, Bush reconnaît le problème, même s'il refuse d'en tenir compte, en bon adepte libéral du laisser-faire préférant se laisser porter par le courant de la fuite en avant.

Tertio, l'accusation de primitivisme. Critiquer la croissance et les pseudo-progrès qu'elle nous apporte, ce serait entretenir le mythe du « bon sauvage », faire l'apologie de l'obscurantisme et négliger la liberté individuelle que la modernité aurait permise. En fait, l'aveuglement progressiste ne fait que répéter la même erreur que la dogmatique traditionaliste. Si celle-ci repose sur l'axiome que ce qui est bon est ancestral, celui-là postule l'identité entre le bien et le nouveau. Dans une perspective comme dans l'autre, on s'abstient d'exercer son jugement et d'évaluer au cas par cas ce que les héritages et les innovations en question recèlent de positif et de négatif. On en vient à croire que tout ce qui est moderne serait émancipateur, à commencer par toutes les machines, qu'il ne s'agit évidemment pas de rejeter en bloc, mais dont il faut évaluer l'utilité réelle au regard des conséquences (écologiques, sociales, culturelles, etc.) de leur usage, pour, éventuellement, le restreindre voire le refuser.

---

15. Bernard Brochand et Jacques Lendrevie, *Publicitor, op. cit.*, p. 10.

Quant à la question de la liberté rendue possible par la modernité, ces judicieux propos de Christopher Lasch illustrent assez bien la posture à adopter :

> « Le développement d'un marché de masse qui détruit l'intimité, décourage l'esprit critique et rend les individus dépendants de la consommation, qui est supposée satisfaire leurs besoins, anéantit les possibilités d'émancipation que la suppression des anciennes contraintes pesant sur l'imagination et l'intelligence avait laissé entrevoir. En conséquence, la liberté prise par rapport à ces contraintes en vient souvent, dans la pratique, à signifier la seule liberté de choisir entre des marchandises plus ou moins similaires [16]. »

16. Christopher Lasch, *Culture de masse ou culture populaire ?* Climats, Castelnau-le-Lez, 2001, p. 32.

Conclusion

Il était temps que la publicité suscite une réaction à la mesure de la répugnance qu'elle inspire à un grand nombre de nos contemporains. La publicité est infâme en tant que telle, propagande industrielle se donnant pour information et passant parfois pour telle. Elle est infâme par ce qu'elle promeut : l'hédonisme frelaté, le narcissisme des apparences mercantiles, l'insouciance « cool » et le mépris du passé derrière la nostalgie béate de la Vraie Vie « Auxchamps ». Elle l'est surtout parce qu'elle est un puissant moteur du consumérisme et du productivisme, à l'origine du saccage de la nature et des sociétés. Et elle l'est d'autant plus qu'elle contribue à masquer cette dévastation du monde qui, pourtant, crève les yeux.

On ne peut que se réjouir du travail des associations qui s'efforcent de sensibiliser la population à cette nuisance très particulière, et luttent pied à pied contre son impérialisme. Mais ce combat reste trop souvent partiel. Mené par des voies légales et juridiques, il s'apparente à celui de Sisyphe contre son rocher, qui toujours redescend la pente. On ne peut s'en tenir à la seule critique de la publicité, comme l'a bien compris l'association Casseurs de Pub. Tirant toutes les conclusions de son engagement initial, elle diffuse maintenant un journal intitulé *La Décroissance*. La publicité est en effet inhérente à l'organisation de la vie dans laquelle nous sommes tous pris et que nous tolérons tant bien que mal. Elle en est inséparable dans toutes ses dimensions. La critiquer sans critiquer cette organisation, et sans vouloir sortir du piège de la croissance, est contradictoire.

La publicité est une composante à part entière de la production industrielle sur laquelle repose notre laborieux confort. Elle est indissolublement liée à la division du travail, à la concentration économique, au rôle de l'argent dans notre société ; bref, au fait massif que nous remettons aux grandes entreprises, contre paiement, le droit de s'occuper de notre vie à notre place. On ne peut donc pas se contenter de briser la vitrine publicitaire. Car, derrière elle, c'est le pouvoir idéologique et pratique que les grandes firmes exercent sur notre quotidien qui est en cause. Il ne faut rien attendre d'elles, surtout, comme le souligne Stuart Ewen, lorsqu'elles récupèrent les critiques pour se donner une image d'« entreprises responsables » en s'ingéniant à mettre un zeste d'éthique sur leurs étiquettes, ou à passer un coup de peinture verte sur la tôle ondulée de leurs usines :

> « La culture de masse nous interpelle dans la langue de notre propre critique, tout en la niant, puisqu'elle propose les solutions de la grande entreprise aux problèmes de la grande entreprise. Tant que nous n'aurons pas été confrontés à l'infiltration du système marchand dans les moindres interstices de l'existence, le changement social lui-même restera un produit de la propagande des marques. Nous avons assisté au début d'une politique de la vie quotidienne. Cette politique est aussitôt devenue la risée de ce à quoi elle s'opposait. [...] Il faut rester vigilants et rejeter tout mode de progrès proposé par les firmes [1]. »

Une fois que l'on a pris conscience du caractère dévastateur du système industriel, que peut-on faire pour éviter de nous rendre complices de son extension ? Il est aujourd'hui impossible de ne pas faire de compromis, compte tenu des contraintes liées à nos conditions de vie. Mais la nécessité de tout mettre en œuvre pour en reprendre le contrôle n'en est que plus pressante. Il faut essayer de sortir de notre dépendance quotidienne à l'égard d'une mégamachine étatico-

1. Stuart EWEN, *Consciences sous influence, op. cit.*, p. 21.

industrielle qui nous assiste dans tous nos actes. Et donc, *apprendre à vivre autrement* : travailler et consommer différemment, à la fois moins et mieux ; préférer, quand c'est encore possible, le marché au supermarché, les artisans aux industriels, les indépendants aux chaînes et aux majors, les fripes et les puces aux centres commerciaux aseptisés, les biens que l'on produit soi-même ou avec des amis, à ceux que nous « offre » le marché mondial. N'est-il pas dérisoire de se scandaliser de la publicité et des abus du système industriel qui y recourt, tout en continuant à favoriser leur expansion par nos « choix » de consommation ?

Pour comprendre le phénomène publicitaire et prétendre s'y opposer, il faut voir plus loin que la dictature du profit et du productivisme. Ou, plutôt, s'efforcer d'en saisir *toutes* les manifestations concrètes, tout ce que la vénalité généralisée et la logique de rentabilisation impliquent, quant à notre cadre de vie et à l'existence que nous y menons. Une critique sérieuse de la publicité ne peut pas passer à côté d'une critique des médias de masse et de la presse contemporaine, progressivement devenue une gigantesque page de pub pour la vie cybernétique. Elle doit aussi mener à une critique de l'urbanisme et de l'organisation moderne de l'espace, avec ses réseaux de transports d'ailleurs si propices au matraquage publicitaire. Et ne nous conduit-elle pas dès lors à nous interroger sur la valeur de certaines infrastructures dont le *mainstream* de l'obscurantisme prétendument « progressiste » fait en permanence la promotion ?

Nous pensons à bien des choses et notamment, pour ne pas hésiter à remettre en question un consensus aussi aveugle qu'universel (notamment chez les Français), aux aéroports, aux autoroutes, aux lignes de TGV, aux antennes-relais pour téléphones mobiles, et bien sûr aux projets internationaux de construire en France de nouvelles centrales nucléaires discount ou expérimentales (projets EPR et ITER). N'est-il pas nécessaire de s'interroger, dans chaque cas et de manière précise, sur les « bénéfices » que ces infrastructures nous apportent par rapport à celles qu'elles remplacent, et par rapport aux alternatives dont elles empêchent le développement ? De se demander si ces bénéfices ne se font pas, en réalité, au profit d'une minorité ? De contrebalancer ces bénéfices par ce que ces infrastructures coûtent à la collectivité en termes de budgets colossaux, de nuisances provoquées, de ressources utilisées et surtout de risques qu'elles font courir ? Car leur effet est de favoriser *encore* l'approfondissement du développement industriel et de la logique concurrentielle, alors qu'il semble plutôt urgent de le freiner et de changer de cap pour éviter le désastre écologique et humain qui se profile à l'horizon.

Cette remise en cause ne doit pas se faire seulement au nom des nuisances subies localement par les riverains, mais dans la perspective d'une critique globale du *système universellement nuisible* qui exige ces infrastructures (et les nuisances qu'elles produisent !) pour se développer. Si les mouvements de riverains sont si souvent vaincus, c'est parce qu'ils restent prisonniers de revendications purement privées qui d'emblée les discréditent. Or, si l'on comprend qu'ils n'aient pas envie, à juste titre, de ces infamies à proximité de leurs foyers, pourquoi les autres en auraient-ils envie ?

De ce point de vue, la lutte contre la publicité – et les formes qu'elle a prises lors des actions de l'automne 2003 – est intéressante à bien des égards. Elle permet de sortir des revendications corporatistes qu'affichent la plupart des syndicats. Elle est sortie, du moins dans le discours de ses initiateurs conséquents, des contradictions classiques de la critique de la publicité, s'offusquant pudiquement des procédés les plus scandaleux de la « persuasion clandestine » tout en répétant docilement le discours de nos industrieuses élites : « La croissance n'est pas le problème, mais la solution. » Si l'on pense vraiment que la croissance est un objectif souhaitable, alors il faut s'en donner les moyens, et une triste réclame utilitariste et informative n'en fait pas partie. Quitte à admettre le saccage du monde par l'hyperconsommation, autant préférer qu'il soit masqué par de merveilleux spots publicitaires, aussi sensationnels que mystificateurs...

N'hésitons pas non plus à dénoncer les autres illusions dont se nourrissent les critiques naïves de la publicité. Il n'y a aucune raison, dans l'état actuel des rapports de force, que la publicité recule, et même qu'elle cesse d'avancer. Il n'y a aucune raison, par exemple, pour que les enfants des écoles françaises échappent, à terme, au traitement publicitaire de choc qui est déjà administré à leurs petits camarades des États-Unis. Toutes les conditions sont activement réunies par les réformes de l'Éducation nationale pour que les écoles françaises aient de plus en plus besoin de l'argent des grandes puissances privées, et qu'elles soient progressivement mises sous perfusion commerciale. Des initiatives permettront peut-être, au moins dans certains établissements, de retarder l'échéance. Mais elles seules ne peuvent rien changer au fond du problème. Et en se focalisant sur un bouc émissaire aussi commode que la publicité, elles contribuent à masquer la fonction à laquelle l'Éducation nationale tend à se restreindre, avec la bénédiction des parents inquiets pour l'« avenir » de leurs enfants : préparer ces derniers à devenir des employés « compétitifs » et des consommateurs « rationnels ».

La question de la publicité est une illustration cruelle de la difficulté qu'il y a de nos jours à apporter des améliorations à un aspect particulier de la vie sociale, sans mettre en cause pour ainsi dire tous les autres aspects de celle-ci. Car la publicité va si bien avec la vie que nous menons ! Le reflux publicitaire ne résultera, à l'évidence, que d'un recul de la production marchande et de l'émergence d'autres rapports sociaux (où il sera plus courant de venir en aide à ses voisins que d'accepter de l'argent pour installer un panneau-réclame sur sa propriété). Il ne viendra que si les rapports de force et l'organisation de la vie changent en profondeur. Et pour en arriver là, on peut être sûrs qu'il ne suffira pas d'en appeler à l'État pour limiter le bombardement et défendre des citoyens impuissants qu'il a largement contribué à déposséder de tout pouvoir sur leurs vies. Parce qu'elle soulève des questions cruciales, la publicité ne peut être contestée isolément. Et elle constitue pour cela un point d'entrée intéressant pour une critique conséquente du capitalisme.

C'est un des mérites des actions de désobéissance civile dirigées contre les affiches, dans le métro et dans les rues des villes, à la fin de 2003, que de ne pas avoir été menées afin d'obtenir satisfaction sur des revendications précises. C'est dans cette mesure qu'elles ont pu apparaître comme une contestation pertinente de l'ordre établi. Certains slogans dénonçaient explicitement la Croissance et le culte des marchandises (et non la manière dont les publicitaires en font l'éloge). Un autre de leurs mérites fut de rompre, l'espace de quelques soirées, l'ordre public *pesant* dans les transports en commun. Ce genre d'espace ne se prêtera sans doute jamais à une authentique réappropriation mais, dans l'état actuel des choses, y ramener un peu de vie, d'imprévu et de communication entre les gens (même sous la forme de l'altercation) ne peut faire de mal. La propagande publicitaire laisse les individus assommés et isolés, même dans leur indignation. Tout ce qui donne l'occasion de sortir de la désolation, de réaliser qu'on n'est pas seul à ressentir ce qu'on ressent, peut contribuer à atténuer la passivité généralisée.

Surtout, renouant avec une vieille tradition de légitime défense contre l'agression capitaliste, ces actions ont relevé d'une logique de sabotage, de dommage matériel et financier, qui présente un intérêt certain. En quelques semaines, les afficheurs français ont perdu plusieurs millions d'euros. Ce n'est donc pas un hasard si les autorités, initialement surprises par le succès des appels à la jacquerie souterraine, ont vite mis en œuvre les moyens appropriés pour la juguler. Dans le contexte contemporain, tous ceux qui souhaitent réellement lutter contre le système de domination sous le règne duquel nous vivons pourront difficilement échapper à cette logique. Les importantes grèves du printemps 2003 en France ont illustré à quel point il est insuffisant d'exprimer son mécontentement de manière rangée et prévisible. On peut en dire autant des mouvements massifs d'opposition à la guerre contre l'Irak, en Espagne et en Italie, qui n'ont pas empêché les gouvernements de ces pays d'apporter leur appui à l'expédition de Bush Jr.

L'ampleur des grèves et des manifestations, l'état de l'opinion publique, ne semblent plus avoir aucun impact. Si l'on ne parvient pas à se constituer en capacité collective de nuisance contre le fonctionnement de l'économie, à infliger des dommages financiers au pouvoir, il est vain de faire grève comme les profs pendant deux mois, ou de défiler tous les jours aux cris de « No a la guerra ! » (Au contraire, dans le cas des profs, l'argent qu'ils perdent est autant de déficit en moins pour l'État !) Ce n'est d'ailleurs pas un hasard si ces mouvements-là n'ont pas eu recours aux moyens appropriés pour faire avancer leur cause, ne serait-ce que faire reculer ponctuellement les gouvernements de leur pays : c'est aussi en fonction de ses objectifs et de ses idéaux qu'un mouvement définit ses moyens d'action. *Et l'insuffisance des moyens a directement à voir avec celle des fins,* comme l'a illustré *a contrario* le mouvement d'opposition radicale au génie génétique, pratiquant la destruction de plantes transgéniques expérimentales.

Dans ce contexte historique où le sabotage nous semble appelé à retrouver ses lettres de noblesse, les actions contre la publicité ont su aussi renouer avec la critique du spectacle. Iconoclastes et profanatrices, elles se sont attaquées, souvent inconsciemment mais parfois de manière tout à fait réfléchie, au cœur du capitalisme, le fétichisme de la marchandise. Le capitalisme ne se contente pas d'exploiter les hommes de l'extérieur, avec l'appui de l'État et de ses cohortes armées. C'est aussi une religion, et son principal soutien, aujourd'hui, c'est *chacun de nous,* perdus dans la masse des fidèles-consommateurs fascinés par les miracles de l'industrie high-tech.

En 1921, Walter Benjamin avait déjà compris que le capitalisme est « la célébration d'un culte sans rêve et sans merci [2] ». Ce culte, c'est celui de l'argent et de son incarnation sous forme de marchandises. Il est « sans merci », impitoyable

2. Walter BENJAMIN, *Gesammelte Schriften,* VI, Suhrkamp Verlag, Frankfurt am Main, 1982, p. 100.

et permanent. Il est « sans rêve », sans utopie, sans espoir. Il ne promet aucun dépassement vers un ailleurs, mais seulement sa propre intensification. Il organise un monde clos sur l'« ici et maintenant » marchand, un monde étalé dans un présent sans mémoire. Pour le dire avec Herbert Marcuse, il s'agit d'un monde *unidimensionnel* en ce qu'il est privé de tout idéal qui le transcende et permette donc de s'en extraire pour le juger et le critiquer. L'homme unidimensionnel qui lui correspond se projette seulement vers de nouvelles dépenses. Il ne saurait se rebeller. Sans rêve, pas de révolte [3].

Les grands prêtres de ce culte sans temps mort, ce sont bien sûr les pubards. Saint-Cathelat considère ses œuvres grimaçantes comme les vitraux de ces « modernes cathédrales » que sont les supermarchés. Saint-Séguéla, prophète exalté de la publicité « divine », « missionnaire » et « immortelle », nous assure qu'elle est bien l'« eucharistie de cette grand-messe païenne de la consommation ». La preuve de l'« essence divine » du système publicitaire, nous explique-t-il, c'est qu'il fait le « monde à son image ». Il « hypnotise notre enfance, manœuvre notre jeunesse, abrutit notre âge mûr [4] ». Aucun sacrifice n'est trop beau pour cette idole aussi vorace qu'impitoyable.

Évangélisateurs des masses, les pasteurs de supermarché guident leurs ouailles vers les caisses. Ces curés très modernes sanctifient le capitalisme surdéveloppé. Face à la misère humaine qu'il propage, ils promettent ce qui ne peut que l'intensifier : la consolation par la consommation, fondement de ce misérable ersatz de religion qu'est le consumérisme, nouvel opium du peuple. Euphorique léger et puissant narcotique, il procure des satisfactions illusoires et entretient la résignation effective. Les publicitaires sont des marchands de sable qui ne travaillent qu'à la progression du désert.

---

3. Herbert MARCUSE, *L'Homme unidimensionnel*, Minuit, Paris, 1968.

4. Bernard CATHELAT, *Publicité et société*, *op. cit.*, p. 32 ; Jacques SÉGUÉLA, *Hollywood lave plus blanc*, Flammarion, Paris, 1982, p. 223-236.

Aux XVIIIe et XIXe siècles, les penseurs éclairés estimaient que la critique de la religion était le préalable de toute critique. Dans une brochure situationniste de 1966, intitulée *De la misère en milieu étudiant,* Mustapha Khayati précisait la nouvelle configuration historique dans laquelle nous nous trouvons aujourd'hui plus que jamais. « À l'époque de sa domination totalitaire, le capitalisme a produit sa nouvelle religion : le spectacle [5]. » Le système publicitaire n'est que le vecteur le plus évident de cette contemplation médusée que provoque la vie autonome d'une économie mortelle pour toute vie décente. Sa critique est la condition préalable de toute critique sociale. *C'est un préalable,* car il faut déjà s'être libérés de ce contexte d'aveuglement pour pouvoir ouvrir les yeux sur le monde immonde qu'engendre la croissance marchande. *Mais ce n'est qu'un préalable,* parce que, une fois désenvoûtés, un monde humain reste à reconstruire, dans les interstices et sur les ruines de la dévastation.

L'infâme a changé de masque, mais le mot d'ordre de Voltaire n'a rien perdu de son actualité :

ÉCRASEZ L'INFÂME

5. Brochure disponible *in Enragés et situationnistes dans le mouvement des occupations*, Gallimard, Paris, 1998 (première édition 1968), p. 241.

Table des matières

COLLECTION

Sur le vif

Florence Aubenas et Miguel Benasayag, *La Fabrication de l'information. Les journalistes et l'idéologie de la communication*, 1999.

Étienne Balibar, Monique Chemillier-Gendreau, Jacqueline Costa-Lascoux, Emmanuel Terray, *Sans-papiers : l'archaïsme fatal*, 1999.

Nicole Bernheim, *Où vont les Américains ?* 2000.

Marwan Bishara, *Palestine/Israël, la paix ou l'apartheid ?* 2e éd. 2002.

Daniel Borrillo et Pierre Lascoumes, *Amours égales ? Le Pacs, les homosexuels et la gauche*, 2002.

Philippe Breton, *Le Culte de l'Internet. Une menace pour le lien social ?* 2000.

Collectif, *À gauche !* 2002.

Collectif, *Où va le mouvement altermondialisation ?* 2003.

Collectif, *Antisémitisme : l'intolérable chantage. Israël/Palestine, une affaire française ?* 2003.

Comité Tchétchénie, *Tchétchénie. Dix clés pour comprendre*, 2003.

Joss Dray et Denis Sieffert, *La Guerre israélienne de l'information. Désinformation et fausses symétries dans le conflit israélo-palestinien*, 2002.

Vincent Geisser, *La Nouvelle Islamophobie*, 2003.

Marion Gret et Yves Sintomer, *Porto Alegre. L'espoir d'une autre démocratie*, 2002.

Hugues Jallon et Pierre Mounier, *Les Enragés de la République*, 1999.

Louis Joinet (sous la dir. de), *Lutter contre l'impunité*, 2002.

Jean-Pierre Le Goff, *La Barbarie douce. La modernisation aveugle des entreprises et de l'école*, 2e éd. 2003.

François Lille et François-Xavier Veschave, *On peut changer le monde. À la recherche des biens publics mondiaux*, 2003.

Alain Lipietz, *Qu'est-ce que l'écologie politique ? La Grande Transformation du XXIe siècle*, 2e éd., 2003.

Djallal Malti, *La Nouvelle Guerre d'Algérie. Dix clés pour comprendre*, 1998.

Laurent Mucchielli, *Violences et insécurité. Fantasmes et réalités dans le débat français*, 2e éd. 2002.

François de Ravignan, *La Faim, pourquoi ? Un défi toujours d'actualité*, 2003.

Michel Roux, *Le Kosovo. Dix clés pour comprendre*, 1999.

Jacques Sapir, *Le Krach russe*, 1998.

Pierre-André Taguieff et Michèle Tribalat, *Face au Front national. Arguments pour une contre-offensive*, 1998.

Composition : DV Arts Graphiques à Chartres. Achevé d'imprimer
par Bussière à Saint-Amand-Montrond (Cher) en mars 2005.
Dépôt légal du 1er tirage : septembre 2004.
Suite du 1er tirage (3) : avril 2005.
N° d'impression : 051389/1. Imprimé en France